Eberhard Bürger

Friedensbewegungen
in der Ökumene um die
Zeit des ersten Weltkriegs

edition pace | Band 17

Regal zur Geschichte des Pazifismus 4
Herausgegeben von Peter Bürger

Eberhard Bürger

Friedensbewegungen in der Ökumene um die Zeit des ersten Weltkriegs

Ein Überblick – Neuedition nach der
Textfassung im Sammelband
„Frieden im Niemandsland"
(2021)

edition pace

Diese Buchausgabe folgt
der schon erschienenen
Digitalversion des Online-Regals
von OekIF und DFG-VK NRW

Eberhard Bürger

FRIEDENSBEWEGUNGEN
IN DER ÖKUMENE UM DIE
ZEIT DES ERSTEN WELTKRIEGS

edition pace (Gründungsreihe) Band 17
Regal zur Geschichte des Pazifismus 4

Herausgegeben & gestaltet von Peter Bürger
(www.tolstoi-friedensbibliothek.de)
Umschlagmotiv (bearbeitet): John Singer (1856-1925),
„Gassed", 1919 | commons.wikimedia.org

Herstellung & Verlag: BoD – Books on Demand, Norderstedt
ISBN: 978-3-7597-0660-7

Inhalt

Vorab
Regal zur Geschichte des Pazifismus   7
Bibliographie (Auswahl)   8

„BEFREIT ZUM WIDERSTEHEN"
Friedens-Bewegungen in der Ökumene
um die Zeit des Ersten Weltkrieges   13
Eberhard Bürger

1. Die Anfänge des
   Weltbundes für Freundschaftsarbeit der Kirchen   15

2. Die Anfänge des
   Internationalen Versöhnungsbundes   31

3. Exkurs zu einigen Entwicklungen
   im Versöhnungsbund bis heute   38

4. Der Beginn der internationalen Friedens-Bewegung   44

5. Das Aufblühen der Friedens-Bewegung im
   deutschsprachigen Raum   49

6. Anmerkungen zur sogenannten
   „Urkatastrophe des 20. Jahrhunderts"   63

7. Veränderungen in der Friedens-Bewegung
   durch den Kriegsverlauf   88

8. Erinnerungen und Reflexionen –
   „Nacharbeiten" zum Ersten Weltkrieg   106

   Zeittafel   144

John Singer (1856-1925):
„Gassed", 1919 | bearbeiteter Ausschnitt

commons.wikimedia.org

Vorab

Regal zur Geschichte des Pazifismus

Von „gefallenen Engeln aus der Hölle" ist die Rede. Die öffentliche Hetzjagd auf Pazifisten und Antimilitaristen hat gegenwärtig wieder Hochkonjunktur, was jedem klardenkenden Menschen Anlass zur Sorge geben sollte. In zwei Weltkriegen standen allein die Pazifisten in deutschen Landen auf der richtigen Seite, was später – nach insgesamt über 70 Millionen Toten – rasch verdrängt wurde. Historische Aufklärung tut not. Zu erinnern ist an das Zeugnis von Frauen und Männern, die sich als Minderheit dem Mehrheitsstrom jener militärischen Heilslehre entgegengestellt haben, die am Ende stets in den Abgrund hineinführt.

Der vorliegende Überblick „Friedensbewegungen in der Ökumene um die Zeit des ersten Weltkriegs"[1] des evangelischen Theologen Dr. Eberhard Bürger (Magdeburg) erscheint als vierter Band des neuen, von der *edition pace* bereitgestellten „Regals" zur Geschichte der Friedensbewegung. In Kooperation mit dem Alois Stoff Bildungswerk der DFG-VK NRW haben bislang schon vorgelegt:

1. Alfred Hermann FRIED: Geschichte der Friedensbewegung.
    Eine Darstellung zum Pazifismus bis 1912.
2. Ludwig QUIDDE: Über Militarismus und Pazifismus.
    Vier friedensbewegte Texte aus den Jahren 1893-1926.
3. Richard BARKELEY: Die deutsche Friedensbewegung 1870-1933.
    Unveränderter Text der Darstellung von 1947.

Alle Teile des „Regals" edieren wir zunächst als kostenfrei abrufbare Internet-Publikationen. Nachträglich erscheinen außerdem auch Verlagsausgaben mit ISBN-Nummer.

pb

---

[1] Hier mit freundlicher Genehmigung des Verfassers und des Editionsprojektes „Kirche & Weltkrieg" entnommen dem Sammelband: *„Frieden im Niemandsland"*. Die Minderheit der christlichen Botschafter im Ersten Weltkrieg. Herausgegeben von Peter Bürger. 2021 (Online-Version; auch als Paperback erschienen).

Bibliographie: Ausgewählte Literatur zur
Geschichte der Friedensbewegung

1. Gesamtdarstellungen / Sammelbände

Barkeley 1948 = Richard Barkeley [früherer Name: Richard Baumgarten]: Die deutsche Friedensbewegung 1870-1933. Hamburg: Bei Hammerich & Lesser 1948. [145 Seiten].

Donat/Röpke 1989 = Helmut Donat / Andreas Röpke (Hg.): „Nieder die Waffen – die Hände gereicht!" Friedensbewegung in Bremen 1898-1958. Bremen: Donat Verlag 1989. [Großformat; 224 Seiten].

Donat/Holl 1983 = Helmut Donat/Karl Holl (Bearb.): Die Friedensbewegung: Organisierter Pazifismus in Deutschland, Österreich und der Schweiz. Hermes Handlexikon. Düsseldorf: Econ Taschenbuch Verlag 1983. [432 Seiten].

Donat/Lütgemeier-Davin 2024 = Helmut Donat / Reinhold Lütgemeier-Davin (Hg.): Geschichte und Frieden in Deutschland 1870-2020. Eine Würdigung des Werkes von Wolfram Wette. Bremen: Donat Verlag 2024. [879 Seiten].

Dülffer/Holl 1986 = Jost Dülffer / Karl Holl (Hg.): Bereit zum Krieg. Kriegsmentalität im wilhelminischen Deutschland 1890-1914. Beiträge zur historischen Kriegsforschung. Göttingen: Vandenhoeck & Ruprecht 1986.

Fabian/Lenz 1922 = Walter Fabian / Kurt Lenz: Die Friedensbewegung. Ein Handbuch der Weltfriedensströmungen der Gegenwart. Unter Mitarbeit von 64 hervorragenden in- und ausländischen Vertretern des Pazifismus. Berlin: Schwetschke & Sohn 1922. [336 Seiten] [Reprint mit neuem Vorwort in Köln: Bund-Verlag 1985].

Fried 1905* = Alfred Hermann Fried: Handbuch der Friedensbewegung. Erste Auflage. Wien [und Leipzig]: Verlag der Österreichischen Friedensgesellschaft 1905. [Gesamtumfang VII und 464 Seiten] [archive.org] [Inhalt: Grundbegriffe der Friedensbewegung; Die realen Grundlagen; Organisation des Weltfriedens; Die Hager Konferenz; Geschichte der Friedensbewegung; Die Friedensbewegung und ihre Organe].

Fried 1907* = Alfred Hermann Fried: Die moderne Friedensbewegung. Leipzig: Verlag Teubner 1907. [120 Seiten] [archive.org].

Fried 1911 = Alfred Hermann Fried: Handbuch der Friedensbewegung. *Erster Teil.* Grundlagen, Inhalte und Ziele der Friedensbewegung. Zweite, gänzlich umgearbeitete und erweiterte Auflage. Berlin und Leipzig: Verlag der „Friedens-Warte" 1911. [Gesamtumfang 492 Seiten].

Fried 1913* = Alfred Hermann Fried: Handbuch der Friedensbewegung. *Zweiter Teil.* Geschichte, Umfang und Organisation der Friedensbewegung. Zweite, gänzlich umgearbeitete und erweiterte Auflage. Berlin und Leipzig: Verlag der „Friedens-Warte" 1913, S. 1-262: „VI. Die Geschichte der Friedensbewegung". [Gesamtumfang des Bandes: 492 Seiten] [archive.org].

Holl 1988 = Karl Holl: Pazifismus in Deutschland. Frankfurt am Main: edition suhrkamp 1988. [275 Seiten].

HOLL/WETTE 1981 = Karl Holl / Wolfram Wette (Hg.): Pazifismus in der Weimarer Republik. Beiträge zur historischen Friedensforschung. Paderborn: Ferdinand Schöningh 1981. [181 Seiten].

KNORR 1984 = Lorentz Knorr: Geschichte der Friedensbewegung in der Bundesrepublik. Köln: Pahl Rugenstein 1984. [230 Seiten].

KOBLER 1928 = Gewalt und Gewaltlosigkeit. Handbuch des aktiven Pazifismus. Im Auftrage der Internationale der Kriegsdienstgegner herausgegeben. Zürich und Leipzig: Rotapfel-Verlag 1928. [388 Seiten].

QUIDDE 1922* = Ludwig Quidde: Geschichte des Pazifismus. In: Walter Fabian / Kurt Lenz: Die Friedensbewegung. Ein Handbuch der Weltfriedensströmungen der Gegenwart. Berlin: Schwetschke & Sohn 1922, S. 6-35. [Online-Auszug: https://www.projekt-gutenberg.org/quidde/pazifis/pazifis.html].

QUIDDE 1979 = Ludwig Quidde: Der deutsche Pazifismus während des Weltkrieges 1914-1918. Aus dem Nachlaß Ludwigs Quiddes, herausgegeben von Karl Holl unter Mitwirkung von Helmut Donat. Boppard am Rhein: Boldt 1979. [416 Seiten].

RIESENBERGER 1985 = Dieter Riesenberger: Geschichte der Friedensbewegung in Deutschland. Von den Anfängen bis 1933. Göttingen: Vandenhoeck & Ruprecht 1985. [297 Seiten].

RIESENBERGER 2008 = Dieter Riesenberger: Den Krieg überwinden. Geschichtsschreibung im Dienste des Friedens und der Aufklärung. Bremen: Donat Verlag 2008. [443 Seiten].

WETTE 1991 = Wolfram Wette: Militarismus und Pazifismus. Auseinandersetzung mit den deutschen Kriegen. Mit einem Vorwort von Fritz Fischer. (= Schriftenreihe Geschichte und Frieden, Band 3). Bremen: Donat Verlag 1991. [268 Seiten].

WETTE 2017 = Wolfram Wette: Ernstfall Frieden. Lehren aus der deutschen Geschichte seit 1914. (= Schriftenreihe Geschichte & Frieden, Band 38). Bremen: Donat 2017. [640 Seiten].

2. STUDIEN & DARSTELLUNGEN
ZU EINZELNEN STRÖMUNGEN / GRUPPEN

BEYER 2012 = Wolfram Beyer: Pazifismus und Antimilitarismus. Eine Einführung in die Ideengeschichte. Stuttgart: Schmetterling Verlag 2012. [240 Seiten].

BOLL/OBOTH 2010 = Friedhelm Boll / Jens Oboth: ‚Wir waren vereint in der großen Familie der Weltkirche.' Die Entstehung der Pax Christi-Bewegung in Frankreich und Deutschland (1944-1955). In: Wolfram Wette / Detlef Bald (Hg.): Friedensinitiativen in der Frühzeit des Kalten Krieges 1945-1955. (= Frieden und Krieg. Beiträge zur Historischen Friedensforschung, Band 17). Essen: Klartext Verlag 2010, S. 107-132.

BREITENBORN 1981 = Konrad Breitenborn: der Friedensbund Deutscher Katholiken 1918/19-1951. Berlin: Union Verlag 1981. [176 Seiten].

BÜRGER 2020 = Peter Bürger (Hg.): Katholische Diskurse über Krieg und Frieden vor 1914. Ausgewählte Forschungen nebst Quellentexten. Herausgegeben im Auftrag von pax christi – Dt. Sektion e.V. Internationale Katholische Friedensbewegung. (= Kirche & Weltkrieg, Bd. 1). Norderstedt 2020. [329 Seiten].

BUTTERWEGE/HOFSCHEN 1984 = Christoph Butterwege / Heinz-Gerd Hofschen: Sozialdemokratie, Krieg und Frieden. Die Stellung der SPD zur Friedensfrage von den Anfängen bis zur Gegenwart. Eine kommentierte Dokumentation. Heilbronn: Distel Verlag 1984. [399 Seiten].

DAM 2001 = Harmjan Dam: Der Weltbund der Freundschaftsarbeit der Kirchen. Eine ökumenische Friedensorganisation. Frankfurt/Main: Lembeck 2001.

DONAT/JUNG 1988 = Helmut Donat / Reinhard Jung (Hg.): „Mit Gott dem Herrn zum Krieg?" Bremer Pastoren für den Frieden vom Kaiserreich bis zur Ära Adenauer. Herausgegeben im Auftrag des Bildungswerkes evangelischer Kirchen im Lande Bremen. Bremen: Donat Verlag 1988. [119 Seiten].

GAEDE 2018 = Reinhard Gaede: Kirche – Christen – Krieg und Frieden. Die Diskussion im deutschen Protestantismus in der Weimarer Republik. (= Schriftenreihe Geschichte & Frieden, Bd. 41). Bremen: Donat 2018. [336 Seiten; die erste Auflage lag bereits 1971 als Dissertation vor.]

GERSTER 2012 = Friedensdialoge im Kalten Krieg. Eine Geschichte der Katholiken in der Bundesrepublik Deutschland 1957-1983. Frankfurt a. M./New York: Campus Verlag 2012. [375 Seiten].

GRÜNEWALD 2015 = Guido Grünewald: Nieder die Waffen! Hundert Jahre deutsche Friedensgesellschaft 1892-1992. (= Schriftenreihe Geschichte und Frieden, Band 3). Bremen: Donat Verlag 1992. [219 Seiten].

HARTH/SCHUBERT/SCHMIDT 1985 = Dietrich Harth / Dietrich Schubert / Ronald Michael Schmidt: Pazifismus zwischen den Weltkriegen. Deutsche Schriftsteller und Künstler gegen Krieg und Militarismus 1918-1933. Heidelberg: HVA 1985. [258 Seiten].

HÖFLING 1979 = Beate Höfling: Katholische Friedensbewegung zwischen zwei Kriegen. Friedensbund Deutscher Katholiken 1917-1933. (= Tübinger Beiträge zur Friedensforschung und Friedenserziehung, Band 3). Waldkirch: Waldkirchener Verlagsgesellschaft 1979. [356 Seiten].

KALICHA 2017 = Sebastian Kalicha: Gewaltfreier Anarchismus & anarchistischer Pazifismus. Auf den Spuren einer revolutionären Theorie und Bewegung. Illustriert von Daniel Grunewald. Heidelberg: Verlag Graswurzelrevolution 2017.

KURZ 2021 = Helmut Kurz / Unter Mitwirkung von Helmut Donat: In Gottes Wahrheit leben. Religiöse Kriegsdienstverweigerer im Zweiten Weltkrieg. Herausgegeben von der Internationalen katholischen Friedensbewegung pax christi, Deutsche Sektion e.V., sowie pax christi, Diözesanverband Rottenburg-Stuttgart. (= Schriftenreihe Geschichte & Frieden, Band 47). Bremen: Donat Verlag 2021. [319 Seiten].

KÜSTER/STEINMANN 1982 = Ingeborg Küster/Elly Steinmann: Die Westdeutsche Frauenfriedensbewegung. In. Florence Hervé (Hg.): Geschichte der deutschen Frauenbewegung. Köln: PapyRossa 1982, S. 206-216. [Neuaufl. 2001].

LEHMANN-RUSSBÜLDT 1927 = Otto Lehmann-Russbüldt: der Kampf der Deutschen Liga für Menschenrechte vormals Bund Neues Vaterland für den Weltfrieden 1914-1927. Berlin: Hensel & Co. 1927. [190 Seiten].

LÜTGEMEIER-DAVIN 1982 = Reinhold Lütgemeier-Davin: Pazifismus zwischen Kooperation und Konfrontation. Das Deutsche Friedenskartell in der Weimarer Republik. (= Pahl-Rugenstein Hochschulschriften 104). Köln: Pahl-Rugenstein Verlag 1982. [542 Seiten].

OBOTH 2017 = Jens Oboth: Pax Christi Deutschland im Kalten Krieg 1945-1957. Gründung, Selbstverständnis und „Vergangenheitsbewältigung". (= Veröffentlichungen der Kommission für Zeitgeschichte, Reihe B: Forschungen, Bd. 131). Paderborn: Verlag Ferdinand Schöningh 2017. [502 Seiten].

PAX CHRISTI 1995 = Pax Christi – Deutsches Sekretariat (Hg.): 75 Jahre katholische Friedensbewegung in Deutschland. Zur Geschichte des „Friedensbundes Deutscher Katholiken" und von „Pax Christi". Idstein: Konzi Verlags GmbH 1995. [172 Seiten].

PFARREI ST. MARIEN 1988 = Pfarrei St. Marien, Kevelaer (Hg.): Pax Christi – Kevelaer 1948–1988. Die Anfänge der *Pax-Christi*-Bewegung in Deutschland. Kevelaer: Butzon und Bercker 1988. [63 Seiten].

PFISTER 1980 = Hermann Pfister (Hg.): Pax Christi. Friedensbewegung in der Katholischen Kirche. Waldkirch: Waldkircher Verlagsgesellschaft 1980. [140 Seiten & Abbildungen].

RIEKER 2007 = Heinrich Rieker: Nicht schießen, wir schießen, wir schießen auch nicht! Versöhnung von Kriegsgegnern im Niemandsland. 1914-1918 und 1939-1945. Bremen: Donat Verlag 2007.

RIESENBERGER 1976 = Dieter Riesenberger: Die katholische Friedensbewegung in der Weimarer Republik. Düsseldorf: Droste 1976. [276 Seiten; Neuedition in der *edition pace*: erscheint Sommer 2024].

SCHEER 1983 = Friedrich-Karl Scheer: Die Deutsche Friedensgesellschaft (1892 – 1933). Organisation, Ideologie, politische Ziele. Ein Beitrag zur Geschichte des Pazifismus in Deutschland. Zweite Auflage. Frankfurt am Main: Haag und Herchen 1983. [665 Seiten].

SCHÜTRUMPF 2023* = Jörn Schütrumpf: Deutsche mit Anstand. Der „Bund Neues Vaterland" wird „Deutsche Liga für Menschenrechte". Eine Veröffentlichung der Rosa-Luxemburg-Stiftung zum 75. Jahrestag der „Allgemeinen Erklärung der Menschenrechte". Hamburg: VSA 2023. [https://www.rosa lux.de/fileadmin/rls_uploads/pdfs/sonst_publikationen/VSA_Schuetrumpf_Deutsche_mit_Anstand_RLS.pdf].

WETTE 2020 = Wolfram Wette (Hg.) / Unter Mitwirkung von Helmut Donat: Weiße Raben. Pazifistische Offiziere in Deutschland vor 1933. (= Schriftenreihe Geschichte & Frieden, Band 45). Bremen: Donat Verl. 2020. [496 Seiten].

WIENAND 1998 = Lothar Wienand: Die Verteidigungslüge. Pazifisten in der deutschen Sozialdemokratie 1914-1918. Bremen: Donat Verlag 1998.

ZANDER 1989 = Helmut Zander: Die Christen und die Friedensbewegungen in beiden deutschen Staaten. Beiträge zu einem Vergleich für die Jahre 1978 – 1987. Berlin: Duncker & Humblot 1989. [385 Seiten].

3. FORSCHUNGS- UND PUBLIKATIONSREIHEN

FRIEDEN UND KRIEG – Beiträge zur historischen Friedensforschung. Für den Arbeitskreis Historische Friedensforschung herausgegeben von Detlef Bald, Jost Dülffer, Andreas Gestrich, Christa Hämmerle, Corinna Hauswedell, Christian Jansen, Claudia Kemper, Wolfram Wette [https://historische-frie densforschung.org/veroeffentlichungen/frieden-krieg].

SCHRIFTENREIHE „GESCHICHTE UND FRIEDEN". Herausgegeben von Wolfram Wette und Dieter Riesenberger (†). Stand März 2024: 52 Bände. [Donat Verlag, Bremen: https://www.donat-verlag.de].

4. LESEBÜCHER | QUELLENEDITIONEN

LIPP 2004 = Karlheinz Lipp: Pazifismus im Ersten Weltkrieg. Ein Lesebuch. Herbolzheim 2004. [130 Seiten].

LIPP 2008 = Karlheinz Lipp: Friedenspädagogik im Kaiserreich. Ein Lesebuch. Baltmannsweiler 2008.

LIPP 2009 = Karlheinz Lipp: Religiöser Sozialismus in der Pfalz in der Weimarer Republik. Ein Lesebuch. Münster u. a. 2019.

LIPP 2013 = Karlheinz Lipp: Berliner Friedenspfarrer und der Erste Weltkrieg. Ein Lesebuch. Freiburg i. Br. 2013.

LIPP 2015 = Karlheinz Lipp: Pazifismus in der Pfalz vor und während des Ersten Weltkrieges. Ein Lesebuch. Nordhausen 2015.

LIPP/LÜTGEMEIER-DAVIN/NEHRING 2010 = Karlheinz Lipp/ Reinhold Lütgemeier-Davin / Holger Nehring (Hg.): Frieden und Friedensbewegungen in Deutschland 1892 – 1992. Ein Lesebuch. Essen: Klartext Verlag 2010. [429 Seiten].

BÜRGER 2021 = Peter Bürger (Hg.): Frieden im Niemandsland. Die Minderheit der christlichen Botschafter im Ersten Weltkrieg. (= Kirche & Weltkrieg, Band 3). Norderstedt: BoD 2021. [560 Seiten].

DONAT/WIELAND 1980 = Das Andere Deutschland. Unabhängige Zeitung für entschiedene republikanische Politik. Eine Auswahl (1925-1933). Herausgegeben und eingeleitet von Helmut Donat und Lothar Wieland. Mit einem Vorwort von Ingeborg Küster. Königstein/Ts.: Verlag Autoren-Edition 1980. [351 Seiten].

BENZ 1988 = Wolfgang Benz (Hg.): Pazifismus in Deutschland. Dokumente zur Friedensbewegung 1890-1939. Frankfurt a. M.: Fischer Taschenbuch Verlag 1988. [223 Seiten].

ANARCHISMUS UND GEWALTFREIHEIT 2018/2021 = Arbeitsgruppe Anarchismus und Gewaltfreiheit (Hg.): Je mehr Gewalt, desto weniger Revolution. Texte zum gewaltfreien Anarchismus & anarchistischen Pazifismus. Erster Band. Heidelberg: Verlag Graswurzelrevolution 2018. / Zweiter Band. Heidelberg: Verlag Graswurzelrevolution 2021.

„Befreit zum Widerstehen"

Friedens-Bewegungen in der Ökumene um die Zeit des Ersten Weltkrieges

(2014[1])

Eberhard Bürger

Von welcher *Perspektive* aus gehe ich das Thema an? Die Ökumenische Versammlung 1988/89 in Dresden und Magdeburg hat uns Christen im April 1989, also vor 25 Jahren, eine Aufgabe gegeben, die mich bis heute umtreibt: „Kirche des Friedens zu werden". Im Dokument 7 heißt es u. a.: *„Kirche des Friedens werden heißt, … umzukehren in die Nachfolge Christi"*[2] und weiter: *„Kirche des Friedens werden heißt, die Last der Geschichte anzunehmen und Schuld zu bekennen."*[3] Beim Rückblick auf den 1. Weltkrieg gibt es neben der großen Last der Geschichte und der Schuld, die zu bekennen ist, noch eine andere Seite, die ich hier ergänze: Kirche des Friedens werden heißt auch, die Erfahrungen, Zeugnisse und Modelle der Geschichte wahrzunehmen und sich heute von ihnen für morgen inspirieren zu lassen. Und auf diesen Weg möchte ich Sie in sieben Abschnitten mitnehmen. Die ersten drei Abschnitte gehen *exemplarisch* mehr ins Detail. Die nächsten beiden Abschnitte sind eher *summarische* Überblicke. Die weiteren zwei Abschnitte sind eine *Auswahl an Mosaiksteinen*, deren Summe einen Eindruck vermitteln soll. Im letzten Abschnitt werden *Folgerungen* gezogen.

---

[1] Der Beitrag ist zuerst 2014 auf der Grundlage eines erweiterten Magdeburger Vortragstextes als eigenständige Veröffentlichung des Versöhnungsbundes erschienen; die hier dargebotene Fassung aus dem Sammelband *„Frieden im Niemandsland"* (2021) enthält einige Ergänzungen, Änderungen und Umstellungen.

[2] *Ökumenische Versammlung für Gerechtigkeit, Frieden und Bewahrung der Schöpfung,* Originalausgabe nur zum innerkirchlichen Gebrauch 1989, Teil 2: Dokument 7, Absatz (2).

[3] *Ökumenische Versammlung für Gerechtigkeit, Frieden und Bewahrung der Schöpfung.* Dresden – Magdeburg – Dresden 1989: Überschrift zu Kapitel 7, Abschnitt 2.1.

Die Überschrift *„Befreit zum Widerstehen"* ist das Motto der Ökumenischen Friedensdekade 2014 und trifft genau den Nerv dessen, was es zu überliefern und bedenken gilt: Vom Evangelium befreit zu werden aus der vermeintlichen Übermacht der zerstörerischen „Mächte und Gewalten" zu einem lebens- und friedensbejahenden Leben, auch zur Entlarvung der und zum Widerstand gegen diese „Mächte und Gewalten".

Der Begriff *„Friedens-Bewegungen"* zeigt an, dass es hier nicht nur um eine einheitliche Bewegung im soziologischen Sinne geht, sondern um eine Vielzahl von Strömungen, Gruppen, Einzelnen, um deren „Nein zum Krieg" und deren „Ja zum Frieden".

Die Friedens-Bewegungen sind von Anfang an weltweit, also ökumenisch gewesen. *Ökumenisch*[4] meint hier: international, konfessions- und religionsübergreifend, auch die oft mehrheitlich nichtreligiösen Bewegungen einbeziehend, in den Zielstellungen sich berührend. Dabei liegt der Schwerpunkt geografisch auf dem deutschsprachigen Raum – auf Deutschland, auf Österreich und der Schweiz. Wo es möglich war, sind Angaben ausführlicher einbezogen worden, die sich auf den heutigen Bereich der Evangelischen Kirche in Mitteldeutschland (EKM) beziehen, um auch die lokalen Wurzeln deutlicher in den Blick zu bekommen.

---

[4] *Ökumene* = Griechisch: Der Erdkreis und seine Bewohner.

1.
Die Anfänge des Weltbundes
für Freundschaftsarbeit der Kirchen

Am 1. August 1914 wurde in Deutschland die Mobilmachung aus-
gerufen: Alle Züge waren für den Transport von Truppen und
Kriegsgerät beschlagnahmt worden. Endlich begann das lange vorbereitete,[5] von vielen freudig ersehnte Kriegsgeschehen und – was
nur wenige geahnt haben – die sogenannte „Urkatastrophe des 20.
Jahrhunderts"! (Eine *gemachte* Katastrophe.) Mitten im Chaos dieses
Tages reisten dennoch Teilnehmer einer Konferenz ins Inselhotel in
Konstanz. 153 aus dreizehn Ländern hatten sich angemeldet, darunter 22 aus Deutschland.[6] Nur 93 von ihnen erreichten die Tagung[7],
darunter drei aus Deutschland: der evangelische Pfarrer Friedrich
Siegmund-Schultze[8] als Organisator und Schriftführer, Pfarrer Ernst

---

[5] Bahnbrechend waren die Völkerrechtsverträge von Den Haag 1899 (Haager
Landkriegsordnung – Grundregeln der Kriegsführung mit dem Ziel einer Begrenzung: Unterscheidung von Zivilisten und Kombattanten [Militär], nur be-
grenztes Recht zur Schädigung des Feindes – keine Massenvernichtungsmittel,
Haager Schiedsgerichtshof). Das Deutsche Reiche entzog sich jedoch den Abrüs-
tungsvereinbarungen, lehnte die Schiedsgerichtsbarkeit ab und betrieb jedenfalls
seit 1908 ein Wettrüsten mit Großbritannien.

[6] Fünf kamen aus dem heutigen Gebiet der EKM und der Landeskirche Anhalts:
Pfarrer *Böhme* aus Kunitz bei Jena, Lic. Dr. *Böhmer*, Herausgeber der „Studier-
stube" aus Eisleben, Generalsuperintendent D. *Genrich* aus Magdeburg, Pfarrer
Dr. *Hagemeier* aus Halle/S., Dr. D. *Lang* vom Reformierten Bund Deutschlands
aus Halle/S.

[7] Im Evangelischen Zentralarchiv Berlin (EZAB) liegen die Telegramme aus diesen Tagen mit dem Inhalt: Keine Transportmöglichkeiten, Grenzen geschlossen,
kann meine Gemeinden in dieser Situation nicht verlassen, findet die Tagung
überhaupt statt …

[8] *Friedrich Siegmund-Schultze* (*14. Juni 1885 in Görlitz/Schlesien; † 11.7.1969 in
Soest) arbeitete nach dem Abschluss der Studien in Philosophie und Theologie
als Adjunkt am Königlichen Domstift zu Berlin und hatte von dort her einen direkten Kontakt zum Kaiser. 1908/09 war er als geschäftsführender Sekretär des
Komitees für den Besuchsaustausch zwischen Wertretern der christlichen Kirchen Großbritanniens und Deutschlands und 1909-1914 als Sekretär des Kirchlichen Komitees zur Pflege freundschaftlicher Beziehungen zwischen Großbritan-

Böhme aus Kunitz bei Jena[9] und der Konstanzer Stadtpfarrer Zandt. Friedrich Siegmund-Schultze hatte viele Einladungsschreiben an

---

nien und Deutschland. – In den Jahren 1910-1911 arbeitete er als Pfarrer an der Friedenskirche in Potsdam, widmete sich jedoch schon 1911 den Fragen des sozialen Friedens innerhalb der Gesellschaft (Soziale Arbeitsgemeinschaft Berlin Ost, deren Leiter er bis 1933 war, und Akademisch-Sozialer Verein Berlin). Der innere Frieden und der äußere Frieden gehörten bei ihm immer zusammen, so auch als Sekretär des Christlichen Studentenweltbundes für Sozialarbeit und Ausländermission, als Vorsitzender der Deutschen Zentrale für Jugendfürsorge, Abteilung Groß-Berlin (1912-1925). Von 1913-1933 gab er „Die Eiche" heraus, die wichtigste deutschsprachige ökumenische Zeitschrift. 1914 war er der Hauptorganisator der Weltkirchenkonferenz in Konstanz und von 1914-1946 der Schriftführer des Weltbundes für Freundschaftsarbeit der Kirchen. – Gemeinsam mit Henry Hodgkins gründete er den Versöhnungsbund und veröffentlichte eine englisch-deutsche Erklärung gegen den Krieg. – Die Ausreise der ausländischen Delegierten der Konferenz von Konstanz erfolgte unter dem persönlichen Schutz des Kaisers. Friedrich Siegmund-Schultze aktualisierte seine weitere Arbeit zwischen 1914 und 1919 als Gründer und Leiter der deutschen Kriegsgefangenenhilfe und als Obmann der englischen Gefangenenseelsorge. Außerdem richtetet er Auskunfts- und Hilfsstellen für Deutsche im Ausland und Ausländer in Deutschland ein („Caritas inter arma"). – Für Friedrich Siegmund-Schultze kamen zu Beginn des Krieges noch keine völlige Ächtung des Krieges und keine Kriegsdienstverweigerung in den Blick. Friedrich Siegmund Schultze fand damals – so wie auch viele in Deutschland verbliebene Mitglieder der Friedenskirchen – noch ein Ja zum „Verteidigungskrieg" Deutschlands. Während in anderen Ländern Kriegsdienstverweigerer bereits aktiv wurden, geschah das in Deutschland erst während des immer länger währenden Krieges und danach.

[9] *Ernst Böhme* (1862-1941) Thüringer Friedenspfarrer aus Kunitz bei Jena. Theologiestudium in Jena, Ordination in Weimar, 1888/89 als Diakonus in Lobeda, 1899 – 1933 Pfarrstelle in Kunitz; entscheidende Impulse durch Bertha von Suttners „Die Waffen nieder!" – Böhme entwickelt seinen neuen Ansatz von Leben und Lehre Jesu her als Weg des Friedens und der Gewaltfreiheit. Seine weiteren Quellen neben der Bibel: Kant „Zum ewigen Frieden" und Adolf von Harnack „Militia Christi". – Bis 1920 friedenspolitische Publikationen: Kritik am Kriegskurs der Kirche: *„Für den Thüringer Friedenspfarrer müsste die Kirche in der Nachfolge Jesu eigentlich eine konsequente pazifistische Grundhaltung vertreten und entsprechend öffentlich propagieren."* (Karheinz LIPP, Der Thüringer Friedenspfarrer Ernst Böhme, in: Pfälzisches Pfarrerblatt, 6/7 von 2013, S. 218; ausführlich: Karlheinz LIPP, Der Thüringer Friedenspfarrer Ernst Böhme. Ein Lesebuch, Nordhausen 2010). – Als Mitglied der Deutschen Friedensgesellschaft und Vorsitzender der Ortsgruppe Jena forderte er: ein internationales Schiedsgericht; einen jährlichen Friedenssonntag; die Entmilitarisierung des Landes. – 1. Deutscher Friedenskongress, die jährliche Tagung der DFG am 9./10. 1908 Mai in Jena organisiert. – 1913 Aufruf der Berliner Friedenspfarrer für ein Ende der Kriegsvorbereitungen mit unter-

Einzelpersonen verschickt und vor allem von kirchenleitenden Amtsträgern entschiedene Absagen bekommen.[10] Das Thema der

zeichnet. Friedenspädagogische Tätigkeit: gegen Patriotismus und Kriegspädagogik, Kritik am Geschichtsunterricht und nationalen Singen. – 1914 Teilnahme an der Gründung des „Weltbundes der Kirchen für Freundschaftsarbeit" in Konstanz; Ortschronik und Gemeindeblatt „Heimatglocken" von seiner Friedensarbeit geprägt. 1916 Mitunterzeichner beim Bundes Neues Vaterland. – Nach 1908: „Die Unterlassungssünde der Kirche vor dem Kriege" – Kritik an der Kirche und Lob für die Freundschafts- und Kontaktarbeit von Friedrich Siegmund-Schultze 1920: „Die pazifistische Bewegung im Lichte des Evangeliums", seine theologische „Summe", wurde vom Landeskirchenrat in Thüringen preisgekrönt und dieser Landeskirchenrat distanzierte sich gleichzeitig vom gewaltfreien Inhalt. – 1933, nach der Weigerung, Hitler eine Eiche zu weihen, wurde Ernst Böhme vom komplett nationalsozialistischen Landeskirchenrat in Thüringen in den Ruhestand versetzt. (Karlheinz Lipp, Der Thüringer Friedenspfarrer Ernst Böhme, in: Pfälzisches Pfarrerblatt 6/7 2013, S. 240. Die „Summe" ist abgedruckt in: Die Friedens-Warte, 1920, S. 112-119. 159-164. Als Sonderdruck unter gleichem Titel, Leipzig 1920. Karlheinz Lipp, Berliner Friedenspfarrer und der Erste Weltkrieg. Ein Lesebuch. Freiburg 2013.) – Siehe auch weiter unten: Erinnerungen und Reflexionen – „Nacharbeiten" zum Ersten Weltkrieg (→8).

[10] Z. B. liegen die Absagen von Karl Axenfeld, dem Direktor der Berliner Missionsgesellschaft, und von Konsistorialpräsident Bezzel aus München vor. Karl Axenfeld schrieb: *„Ich bin Schüler von Treitschke. Ich glaube nicht, dass das Menschheitsleben sich jemals so gestalten wird, daß es des Reinigungsfiebers des Krieges entbehren kann, und ich halte gerade in der Gegenwart gewissen Friedensbestrebungen, besonders in Deutschland für verhängnisvoll. Vor den abendländischen Völkern stehen, wenn nicht alles trügt, in der Zukunft Auseinandersetzungen mit den Völkern anderer Rassen, Erdteile, die schwerlich auf rein geistige Formen beschränkt bleiben werden. Der Hochstand der äußeren Civilisation unseres Lebens und die Verfeinerung unseres Empfindens, dazu der Zug zu den niederen Klassen zu internationaler Verbrüderung, gefährden die Selbstbehauptungskraft der europäischen Nationen. Keinem Volk sind falsche Friedensträume gefährlicher wie dem unsrigen, das an sich dazu neigt, über dem Ideal die Wirklichkeit aus den Augen zu verlieren, aber durch seine geographische Lage und seine Geschichte besonders darauf angewiesen ist, sein Schwert blank und scharf zu halten. Es ist mir auch in den letzten Jahren je länger desto verdächtiger geworden, wie geflissentlich England und Amerika gerade uns mit Friedensbestrebungen beglücken bzw. uns als die Friedensstörer der Welt hinstellen wollen, während es schwerlich unter den abendländischen Völkern ein friedfertigeres gibt als das unsrige. Für allgemeine Friedenstheorien bin ich nicht zu haben."* (EZAB 51/D-I-1-a-1, 1: Brief vom 13.7.1914 an Friedrich Siegmund-Schultze). Konsistorialpräsident Bezzel: *„Da ich aber – bei aller Anerkennung des guten Willens – die Sache innerlich nicht billigen kann, halte ich auch nicht für recht, durch Aufforderung eines anderen eine scheinbare Billigung auszusprechen."* (Ebd., Brief vom 2.7.1914 an Friedrich Siegmund-Schultze) – Die Badische Landeskirche – Konstanz liegt in deren geografischem Bereich – hielt noch im Juli

Tagung sowie die Tagesordnung fanden sich auf der großformatigen Einladung:

> „Die Kirchen und Freundschaftliche Beziehungen zwischen den Nationen" – Konferenz in Konstanz vom 3. bis 4. August 1914. Das Ziel der Konferenz: *,Durch Freundschaft der Kirchen müssen Gefühle von Misstrauen und Hass sowie Antipathie zwischen Völkern und Nationen überwunden werden'.*"[11]

Die Tagung hatte eine lange Vorgeschichte, die 1907 mit der 2. Haager Friedenskonferenz begonnen hatte: Ein „Aufruf der Kirchen für den Frieden", verbunden mit der Einrichtung eines „Kirchlichen Komitees zur Pflege freundschaftlicher Beziehungen zwischen Großbritannien und Deutschland" führte in den Jahren danach zu „Friedensreisen" von Geistlichen nach Deutschland und England. Bereits damals hatte Friedrich Siegmund-Schultze die federführenden Aufgaben übernommen. Die Freundschaftsarbeit wuchs in beiden Ländern. Sie wurde begleitet von den beiden Zeitschriften *„The Peacemaker"* und *„Die Eiche"*.

> Die Zeitschrift *„Die Eiche"* gehört zu den Zeitschriften, die mich wirklich ins Staunen versetzt haben. Als Vierteljahresschrift 1913 begründet, knüpft ihr Name an die deutschen und englischen Traditionen an und verbindet nationales Selbstbewusstsein (*„Wir pflanzen einen deutschen Baum in deutscher Erde." „...auch in England ist die Eiche der Nationalbaum!"*) mit dem Brauch der Friedenseiche, die zur Hoffnung auf Frieden immer wieder gepflanzt wurde: *„Pflanzt Friedenseichen in allen deutschen Kirchen! Als 1908 die deutschen Kirchenmänner ihre Friedensfahrt nach England unternahmen, fanden sich Vertreter aller deutschen Kirchen und Richtungen zusammen. Im Jahre 1909 kamen im Zeichen der Eiche, die auf allen Programmen und Begrüßungen das Sinnbild war, die Vertreter der britischen Kirchen zu uns herüber… Pflanzt Friedenseichen für die Kirche Christi in aller Welt! Nehmt die Schlagbäume weg und*

1914 eine Landessynode ab, die sich u. a. mit der Einführung eines Friedenssonntages befasste, hatte jedoch keinerlei Kontakt mit der Konferenz von Konstanz.
[11] Harmjan DAM, Der Weltbund für Freundschaftsarbeit der Kirchen 1914 – 1948. Eine ökumenische Friedensorganisation, Frankfurt/M 2001, S. 11.

legt Straßen an! Am Zoll sitzen und Einlaß verwehren ist leicht; Steinquader zum Straßenbau herbeizuschaffen ist schwer. Hört auf, Gräben zu ziehen, und baut Brücken! Dann werdet ihr euer Eisen nützlich anwenden. Wie lange noch wird das tatsächliche Verhalten der Kirchen ein Hohn sein auf das Bekenntnis zur Gemeinschaft der Heiligen! Die religionsfeindlichen Mächte haben sich längst international organisiert; die Kirchen Christi kommen in ihrer Zwietracht zu keinem Zusammenschluss … Pflanzt Friedenseichen! – Und wo läge die Friedensarbeit näher als zwischen den deutschen und den angelsächsischen Christen!" Die Aufgaben der „Eiche" beschreibt Friedrich Siegmund-Schultze so: *„1. In dem Streit der Völker durch Weckung des christlichen Gewissens zum Frieden wirken. 2. Gegen Missverständnisse angehen, 3. Friedensarbeit bekannt machen, 4. Verständnis für die Eigenart des anderen wecken, informieren und das christliche Gemeinschaftsgefühl stärken, 5. Persönliche Kontakte anregen und vertiefen, 6. Verständnis für andere wecken und Zusammenarbeit der Christenheit in unserer Zeit."* In Großbritannien wurde der „Peacemaker" als Schwesterzeitschrift der „Eiche" gegründet. Dort findet sich Weihnachten 1913 eine Botschaft an das deutsche Volk: *„Die Weihnachtszeit 1913 findet uns näher beieinander als früher. Die Herzen unseres Volkes schlagen mit den Euren zusammen. Nicht mit Neid, sondern mit Freude sehen wir auf das, was Ihr mit Gottes Hilfe erreicht habt. Wir beten, die heilige Weihnachtszeit möge Eure Herzen mit der Freude des Friedefürsten erfüllen; das neue Jahr möge Euch Wachstum und Gedeihen in persönlichen, häuslichen, sozialen nationalen und internationalen Fragen bringen; und jedes folgende Jahr möge Zeugnis geben von einer wachsenden Geistesgemeinschaft und brüderlichen Zusammenarbeit unserer Völker, zur Ehre Gottes und zum Segen der Menschheit."* – Über die Jahre hin erschienen in der Zeitschrift „Eiche" Artikel zu England, den USA, Frankreich, Russland (also den Hauptfeinden Deutschlands), der Schweiz, den Niederlanden, zu den nordischen Ländern, Artikel zu Ereignissen wie Friedensaufrufe, der Praxis des Friedenssonntags seit 1912, zu Telegrammen vor und bei Kriegsbeginn, kirchlichen Stimmen zum Krieg (so auch Benedikt XV.), zur Lage der Gefangenen in Deutschland, zum Gebet füreinander zwischen den verfeindeten Völkern, zu Veröffentlichungen des englischen Versöhnungsbundes und der

Tätigkeit der Quäker … Oft finden sich freie Absätze in den Artikeln, weil dort die Zensur zugeschlagen hatte. Doch manchmal sind die vollständigen Artikel dann noch gesondert an die betreffende Nummer der „Eiche" angefügt worden. –Ab dem 5. Jahrgang ändert sich der Untertitel der „Eiche": „Ein Organ für soziale und internationale Ethik" und ab 1921 „Vierteljahresschrift für soziale und internationale Arbeitsgemeinschaft". – Mit welcher Qualität, mit welchem Mut selbst durch die Zeit des Krieges 1914 – 1918 Freundschafts- und Versöhnungsarbeit geleistet worden ist, das bleibt ein wundervolles Zeugnis bis heute! Außerdem hat die „Eiche" *„die Entwicklung der drei Zweige der Ökumene auf dem Weg zur Einigung begleitet, den Weltbund für Freundschaftsarbeit der Kirchen von Konstanz 1914 bis Prag 1928, die Bewegung für Praktisches Christentum (Stockholm 1925) und die Bewegung für Glaube und Kirchenverfassung (Lausanne 1927)"*. Die „Eiche" hat darüber hinaus die Entwicklung der christlichen Friedensbewegung von 1913-1933 dokumentiert.

Die Konstanzer Konferenz 1914 wurde möglich durch zwei besondere Umstände:

Der Kaiser hatte alle internationalen Konferenzen untersagt, mit Ausnahme dieser einen.[12] Daran hatte wohl auch Großherzogin Luise von Baden ihren Anteil. Und: Die Finanzierung der Tagung war möglich, weil der US-Friedensaktivist Andrew Carnegie einen Fonds zur Förderung internationaler Friedensarbeit eingerichtet hatte und Geld zur Verfügung stellte.[13]

---

[12] Aus der Biografie Friedrich Siegmund-Schultzes geht hervor, dass durch seine Pfarrtätigkeit am kaiserlichen Hof – ca. ein Jahr – eine persönliche Beziehung zum Kaiser bestand. So waren Anfang August alle internationalen Konferenzen verboten, nur die in Konstanz stand unter kaiserlichem Schutz und der Schirmherrschaft der Großherzogin Luise von Baden, die auf der Insel Mainau residierte. – Der Kaiser war selbst zur Konferenz nach Konstanz eingeladen worden, hatte aber abgesagt. Als dann zum Ende der Konferenz keine Züge mehr zur Verfügung standen, hat Friedrich Siegmund-Schultze – wohl durch die Vermittlung von Großherzogin Luise von Baden – den kaiserlichen Zug zur sicheren Ausreise der ausländischen Gäste zur Verfügung gestellt bekommen.

[13] *Andrew Carnegie* war ein schottisch-US-amerikanischer Kopf der Stahlindustrie, damals möglicherweise reichster Mann der Welt, Friedensaktivist, und gründete 1910 eine Friedensstiftung (Peace Foundation, ab 1914 Church Peace Union) mit

Nach den Vorgesprächen am 8./9. Mai 1914 in London und der Entscheidung für Konstanz als Tagungsort erfolgte ab Mitte Mai der Versand der Einladungen. Am 1. August 1914 um 22.30 Uhr tagte das provisorische internationale Komitee, um zu entscheiden, dass die Tagung nicht sofort nach London verlegt, sondern so weit wie möglich in Konstanz abgehalten wird.

Friedrich Siegmund-Schultze schreibt zur Tagung selbst: *„Da die Delegierten zu sehr verschiedenen Zeiten eintrafen, war es schwierig, das Programm, wie es eigentlich beabsichtigt war, durchzuführen. Nachdem bis zum Abend des 2. August verschiedentlich hin und her beraten worden war, was sich aus den schwierigen Verhältnissen, vor allem infolge des Ausbleibens der wichtigsten ausländischen Delegierten ergab, wurde durch die Ankunft von Mr. Baker, Mr. Dickinson und Mr. Lynch am Abend des zweiten Tages der Mobilmachung die Frage dahin entschieden, daß die Konferenz gemäss dem geplanten Programm durchgeführt werden sollte."*[14] Am 2. August 10.30 Uhr wurde die Konferenz mit einer Gebetsversammlung eröffnet. Doch bereits am Abend des 2. August verfügten die Konstanzer Behörden das Ende der Konferenz, weil die ausländischen Teilnehmer sonst interniert werden würden. Da wurde allen klar: Der Krieg beginnt wirklich. Wir kommen zu spät, um ihn zu verhindern. Wir sind zu wenige. Wir haben keine Macht. – Was haben sie angesichts dieser tiefen Ohnmachtserfahrung getan?

Sie haben gebetet. Sie haben sich mit kurzen Betrachtungen besonnen. Ein Referat hat ihnen neu in den Blick gebracht, worin sie

---

zunächst 10 Millionen US-Dollar sowie weiterer 2 Millionen 1914. Seine Bedingung an letztgenannten Betrag: dass so schnell wie möglich eine kirchliche Friedenskonferenz einberufen wird. (Harmjan DAM, Der Weltbund für Freundschaftsarbeit der Kirchen 1914 – 1948. Eine ökumenische Friedensorganisation, Frankfurt/M 2001, S. 46f; auch: Peter VAN DEN DUNGEN, Krieg und Frieden 1914 – 2014, Vortrag zur 11. Strategiekonferenz der Kooperation für den Frieden im Februar 2014, S. 4f.)

[14] Friedrich SIEGMUND-SCHULTZE in einem maschinenschriftlichen Bericht 1915 über die Konferenz an?, EZAB 51-D-I-a-1,2. – Der beschriebene zweite Tag der Mobilmachung war der 1. August 1914, nicht der 2. August, wie Friedrich Siegmund-Schultze beschreibt. Das Datum im Bericht muss also vom 2. August auf den 1. August verändert werden. Dann wird auch der Rest der Tagung klar: Sie ging vom Abend des 1.8. bis zum Abend des 2.8. und wurde dann von den Behörden aufgelöst.

vom Friedenswirken Jesu Christi den Kern ihres Anliegens sahen.[15] Mehr noch: Sie fassten Beschlüsse.

„Zweck des Weltbundes war laut Satzung die Versöhnungs- und Freundschaftsarbeit unter den Völkern zu fördern. Dazu sollten die Kirchen auf die Regierungen und Volksvertretungen einwirken, um sie zu einer Politik zu veranlassen, die das friedliche Zusammenleben der Völker zum Ziel hat. Zur Bewältigung dieser Aufgabe sollten die Kirchen untereinander in ständigem Kontakt ihre Absichten und Bemühungen koordinieren."[16] Außerdem wurde ein Telegramm an die europäischen Staatsmänner gesandt, um sie zur Besinnung auf ihre christlichen Grundlagen zu rufen und Alternativen für die militärische Austragung der Konflikte zu suchen.

Frederick Lynch aus den USA schrieb über diese Stunden in Konstanz: *„Draußen waren Deutsche, Franzosen und Engländer im Begriff, gegeneinander zu kämpfen; hier knieten Deutsche, Franzosen und*

---

[15] Tiefen Eindruck machte ein Referat von Sidney Gullick, einem US-amerikanischen Hochschullehrer, das von Harmjan Dam folgendermaßen wiedergegeben wird: *„Um des Friedens willen … hätten die großen Nationen sich stark bewaffnet. Um des Friedens willen strebte die Friedensbewegung nach Friedensverträgen und einem internationalen Gerichtshof. Doch wie wollten die Kirchen zum Frieden beitragen? Die Kirchen müssten die ‚live-giving force', die lebensschaffende Kraft der Friedensbewegung sein! Im Gegensatz zu den Politikern könnten die Kirchen die Gefühle der Menschen erreichen. Sie könnten sie zu einem anderen Leben bewegen, indem sie Brüderlichkeit lehrten und sie vorlebten. Die Kirche müsse zum Gewissen der Politiker werden und Volkserzieherin für den Frieden sein. Die größte Gefahr sei ein apathisches Christentum, das nur auf die Rettung der Seele aus sei. Der Gedanke, dass das Reich Gottes nur eine himmlische Zukunftsvision wäre, mag dogmatisch rechtgläubig, orthodox sein, ethisch besehen sei er ein heidnischer Gedanke. Die tiefste christliche Wahrheit, die durch den Tod des Erlösers am Kreuz deutlich geworden sei, müsse durch bekennende Christen neu entdeckt werden: das freiwillige Leiden aus Liebe zum Feind … nur leidende Liebe, das freiwillige Leiden der Unschuldigen und Gerechten in Loyalität zur Wahrheit und Wohlwollen gegenüber allen Rassen und Nationen kann die Welt von ihrer Sünde und ihrem Irrtum erlösen, und dadurch auch von ihrem Tumult und Krieg.* LIEBE DEINE FEINDE.*'"* (Harmjan DAM, Der Weltbund für Freundschaftsarbeit der Kirchen 1914 – 1948. Eine ökumenische Friedensorganisation, Frankfurt/M 2001, S. 59.)

[16] Ebd, S. 40f Von den Teilnehmenden der Konstanzer Konferenz wurden alles Gold und Goldwährung eingesammelt, um die Mahlzeiten und die Rückfahrt noch zu bezahlen. Friedrich Siegmund-Schultze bestellte per Telegramm in Köln die entsprechende Anzahl Fahrkarten für die ausländischen Gäste für den nächsten Tag.

Engländer im Gebet. Draußen riefen die Leute nach Blut; hier beteten Repräsentanten aus zwölf Völkern um wachsende Liebe füreinander."[17]

Am Morgen des 3. August 1914 fuhr der Sonderzug des Kaisers – wiederum durch die Großherzogin Luise von Baden vermittelt – über Köln Richtung Niederlande und brachte die internationalen Teilnehmer an die deutsche Grenze. Die Konferenz fand ihre Fortsetzung am 5. August in London.

Friedrich Siegmund-Schultze schreibt rückblickend in einem Brief:

„Das Wichtigste…scheint mir der innere Charakter der Verhandlung zu sein. Fast die ganze Konferenz war eine Gebetsversammlung, an der die Vertreter der verschiedenen Nationen sich trotz des zwischen ihnen ausbrechenden Krieges in engster Gemeinschaft zusammenfanden. Besonders die Versammlung am Sonntagvormittag, an der etwa 100 Delegierte aus aller Welt teilnahmen …, hat bei allen Beteiligten einen tiefen Eindruck hinterlassen. Wohl alle, die an diesen Versammlungen teilgenommen haben, sind zur Überzeugung gekommen, dass das Zusammentreffen, der ersten Kirchenkonferenz für Freundschaftsarbeit mit dem Ausbruch des großen Krieges zwischen den christlichen Völkern providentiell [= von der Vorsehung bestimmt – E.B.] war. Die großen Versäumnisse der Kirche sind uns noch schwerer auf die Seele gefallen."[18]

„Dass sich auch die römisch-katholische Kirche am Einsatz für den Frieden zwischen den Völkern beteiligen sollte, war den Einberufern der Konferenz bei ihren ökumenischen Bemühungen von Anfang an wichtig. Diese machten sich deshalb im April und Mai 1914 auf eine Reise nach Frankreich und Belgien auf, um Abklärungen zu tätigen. Zwar schien eine Konferenz zusammen mit römisch-katholischen Vertretern nicht möglich, aber immerhin konnte erreicht werden, dass fast parallel zur Konstanzer Konferenz eine römisch-katholische Friedenskonferenz geplant wurde. Diese sollte am 10. August in Lüttich beginnen, …um die katholische Priesterschaft langsam für den Gedanken gemeinsamer Aktion im Blick auf den Frieden zu gewinnen.'"[19]

---

[17] Harmjan DAM, Der Weltbund für Freundschaftsarbeit der Kirchen 1914 – 1948. Eine ökumenische Friedensorganisation, Frankfurt/M 2001, S. 57.

[18] *Gemeinsam für Gewaltfreiheit und Versöhnung,* Heft für 100 Jahre Gewaltfreiheit, hrsg. von FOR Schweiz 2014, S. 11.

[19] Ebd., S. 11.

Die Gründung des Weltbundes für Freundschaftsarbeit der Kirchen unter diesen dramatischen Umständen hatte weitreichende Folgen:

(1) In dieser ersten Phase des Weltbundes wurde Frieden zu einem wichtigen Thema einzelner Christen in ihren Ländern. Die Hauptakteure dieser Friedensarbeit waren Quäker (Baker), Anglikaner (Dickinson), liberaler Theologe (Siegmund-Schultze) und Social Gospel (Lynch), die sich zu einem Christentum der Tat trafen. *„Nachfolge Jesu wurde nicht nur persönlich interpretiert, sondern als auf die ganze Gesellschaft anwendbar erachtet. Im ungebrochenen Fortschrittsglauben des 19. Jahrhunderts, vergleichbar dem Sozialdarwinismus, hielten sie eine ‚Verchristlichung' der Kultur für möglich. Durch die Anwendung der ethischen Prinzipien Jesu könne man an der Verwirklichung des Reiches Gottes in der gegenwärtigen Zeit und in dieser Welt arbeiten."*[20]

Politisch bedeutete das u. a.: Schiedsvermittlungen bei internationalen Konflikten wurden gefordert. Ein Netzwerk von Menschen und Organisationen sollte Freundschaft fördern und Feindschaft verhindern.

Neu in dieser Zeit: Damit Kirchen friedensfähig werden, müssen sie aus ihren nationalen Bindungen befreit werden. Kirchen sollen auch als Institutionen für die Friedensarbeit gewonnen werden und diese theologisch bedenken. Die Form eines Bundes als loser Verband galt dabei als Einladung, sich locker anzuschließen. Kriegsdienstverweigerung, Anti-Militarismus und Gewaltfreiheit spielten von dieser bürgerlich-kirchlichen Seite damals noch keine Rolle. Wichtig war den Initiatoren die Abstimmung mit der katholischen Kirche.

(2) In der zweiten Phase des Weltbundes von 1914 – 1919 musste der Name geändert werden: Da die Staatskirchen sich nicht zum Mittun bewegen ließen, wurde aus dem „Weltbund der Kirchen für Freundschaftsarbeit" der „Weltbund für Freundschaftsarbeit der Kirchen".

Auf die Konferenz folgte ein „Papierkrieg der Theologen", dessen Tiefpunkt die Unterzeichnung des „Aufrufs der 93 an die Kulturwelt" im November 1914 bildete. Für August 1915 wurde in Bern eine internationale Konferenz des Weltbundes vorbereitet – sie kam

---

[20] Harmjan DAM, Der Weltbund für Freundschaftsarbeit der Kirchen 1914 – 1948. Eine ökumenische Friedensorganisation, Frankfurt/M 2001, S. 64.

als einzige ökumenische Konferenz während des 1. Weltkrieges zustande. In der Folge bildete sich ein Netzwerk von regionalen Gruppen, die trotz Kriegsbedingungen miteinander in Verbindung zu bleiben versuchten.

(3) Nur in Deutschland kam die praktische Ausgestaltung der Freundschaftsarbeit wegen inhaltlicher Differenzen der Beteiligten zum Erliegen.[21] Daher einigte man sich auf diakonische und seelsorgerliche Arbeit an den etwa zwei Millionen Internierten in deutschen Gefangenenlagern. Friedrich Siegmund Schultze rief die „Caritas inter Arma" ins Leben, eine Gruppe von etwa 60 Pfarrern, die die Lager regelmäßig bereisten und vor allem bei den englischen Internierten Gottesdienste hielten, Gespräche führten. Außerdem knüpfte eine Hilfsstelle Kontakte zu den Angehörigen der Internierten und half Deutschen in Internierungslagern im Ausland. Das Büro der Zentralstelle für Deutsche im Ausland und Ausländern in Deutschland wurde geleitet von der Schweizer Reformpädagogin Elisabeth Rotten.[22] Von vielen nationalistisch gesinnten Deutschen

---

[21] Der Theologe *Adolf Deissmann* gehörte 1915 dem vierköpfigen „Arbeitsausschuss für Freundschaftsarbeit der Kirchen" in Deutschland an, beteiligte sich jedoch nicht an der Konferenz in Bern. Mit seiner Position hätte er die Konferenz nur gelähmt: Der Krieg stählt die müde Religion des Alltags zur heroischen Religion der weltgeschichtlichen Zeit. Deutschland hat seinen deutschen, nationalen Gott gefunden, Religion hat den Krieg nicht verhindern können, nun segnet sie die Waffen und gibt dem Krieg ihre Kraft. Für Deutschland ist eine Zeit des Heldentums angebrochen, in dem aus dem christlichen Sklavenglauben nun der Heldenglaube gewachsen ist. (Harmjan DAM, Der Weltbund für Freundschaftsarbeit der Kirchen 1914 -1948. Eine ökumenische Friedensorganisation, Frankfurt/M 2001, S. 73f).

[22] *Elisabeth Rotten* (1882-1964), Reformpädagogin und Friedensaktivistin. Nach dem Studium an verschiedenen Orten kehrte Elisabeth Rotten nach Berlin zurück *„und arbeitete beim Rettungswerk ,Auskunfts- und Hilfsstelle für Deutsche im Ausland und Ausländer in Deutschland' zusammen mit Friedrich Siegmund-Schultz. Im gleichen Jahr wurde sie Mitbegründerin des Bundes Neues Vaterland, später Deutsche Liga für Menschenrechte. 1915 reiste sie als Vertreterin des Bundes zum ersten Internationalen Frauenfriedenskongress in Den Haag und wirkte bei der Gründung der Internationalen Frauenliga für Frieden und Freiheit [...] mit. – 1919 hielt sie die vielbeachtete Rede auf der Internationalen Erziehungskonferenz in Genf über ,Die Versuche einer neuen Erziehung in Deutschland'. Sie war Mitbegründerin des Bundes Entschiedener Schulreformer. Bis 1921 war sie als Leiterin der Pädagogischen Abteilung der Deutschen Liga für Völkerbund tätig und gab 1920 – 1921 die ,Internationale Erziehungsrundschau' heraus*

wurde diese Tätigkeit als Verrat angesehen. Doch der Mitarbeiterkreis hielten unbeirrt an den Aufgaben fest, denn: *„Wir glauben an eine Macht, die stärker ist als der Hass"*; er musste sich jedoch vor Nachstellungen schützen.[23] So blieb eine menschliche Ebene zu den zu Feinden deklarierten Menschen aus anderen Ländern erhalten, die nach dem Krieg als Basis der Versöhnung diente.[24]

(4) Während in Deutschland die Entwicklung des Weltbundes nur langsam voran ging, nahm Friedrich Siegmund-Schultze in der Schweiz an dessen internationaler Weiterentwicklung teil. Nach

---

… 1921 wurde sie Mitbegründerin des Weltbundes für Erneuerung in der Erziehung […] und Direktorin für die deutschsprachigen Länder." – Aus ihrer Zusammenarbeit mit den englischen Quäkern bis 1923 in der Schulspeisung resultierte 1930 ihre Mitgliedschaft bei der Religiösen Gesellschaft der Freunde (Quäker). – Ab 1925 Mitdirektorin des Internationalen Erziehungsbüros in Genf, 1930-1934 Mitarbeit in der Gartenstadt Hellerau und ab 1937 in der Montessori-Gesellschaft. 1934 Emigration in die Schweiz und ab 1945 auch wieder pädagogische und caritative Arbeit in Deutschland. (Wikipedia, gelesen am 30.3.2014) – Elisabeth Rotten gab 1919 Flugschriften des Bundes Neues Vaterland zusammen mit Walther Schücking und Helene Stöcker heraus. In Nr. 2 „Durch zum Rechtsfrieden. Ein Appell an das Weltgewissen" geht sie auf den Anteil des deutschen Volkes am Ende des Krieges ein, auf die Bedrohungen des Friedens von rechts und links, auf die notwendige Umkehr in der eigenen Gesellschaft und dem internationalen Zusammenleben und erinnert an einen ganz undiplomatischen Friedensschluss 1814 in Gent, wo die Öffentlichkeit den Diplomaten das Ultimatum setzte: Es wird jetzt Frieden! Und es wurde Frieden.

[23] Harmjan DAM, Der Weltbund für Freundschaftsarbeit der Kirchen 1914 – 1948. Eine ökumenische Friedensorganisation, Frankfurt/M 2001, S. 95. *„In Deutschland gruppierte sich z. B. ein solcher stark übernational empfindender Kreis um die Auskunfts- und Hilfsstelle für Deutsche im Ausland und Ausländer in Deutschland, die während des Krieges an den Familien der in Deutschland internierten Engländer dieselben christlichen Liebesdienste getan hat wie die von Quäkern in London geleitete Hilfsstelle an den Familien der in England internierten Deutschen und an den deutschen Gefangenen."* Die Eiche, 1/1921, S. 53.

[24] *„Das Schwerste, was uns der Krieg gebracht hat, ist die Tatsache, dass die Gemeinschaft vieler, von denen es einst hieß: ‚Wie haben sie einander so lieb', zerrissen sein konnte. Weil das für uns das Schwerste am Krieg war, suchen wir uns an der Tatsache aufzurichten, daß für einige Menschen jene Gemeinschaft nie zerrissen worden ist. – In diesem Bewußtsein grüßen wir heute aufs neue die 7000 in allen Ländern, die der Sache des Bundes der Versöhnung treu geblieben sind."* (Friedrich SIEGMUND-SCHULTZE in der „Eiche" 1/2/1919, S. 1.)

dem Krieg sah der Weltbund seine Aufgabe über die Freundschaftsarbeit hinaus als geistlicher Beistand des 1920 gegründeten Völkerbundes und kümmerte sich u. a. um die vom Völkerbund vernach-
lässigten Minderheiten. Seit 1920 sind die regionalen Weltbund-
gruppen in Deutschland stetig gewachsen. Doch das Verhältnis zu
den deutschen Kirchen blieb spannungsgeladen.[25]

Harmjan Dam resümiert: *„Zwischen den beiden Kriegen sollte sich die
Rolle, die Christen und Kirchen darin spielten, langsam verändern. Viele
entdeckten, dass eine Antwort auf den bedrohten Weltfrieden nur möglich
war, wenn man die nationalen Beschränkungen überwinden könnte. Der
Weltbund für Freundschaftsarbeit der Kirchen war die erste ökumenische
Friedensorganisation und hat wesentlich zu dieser Veränderung beigetragen.“*[26]

Der Weltbund, der sich langsam mehr der Gewaltfreiheit aus
christlichen Wurzeln und in zeitnaher Praxis verschrieb, wurde so
zusammen mit der Bewegung für Praktisches Christentum (Life and
work) und der Bewegung für Glaube und Kirchenverfassung (Faith

---

[25] *„Das Verhältnis der deutschen Vereinigung des Weltbundes zum Deutschen Evangelischen Kirchenbund war stets distanziert, zeitweise auch gespannt. Pazifismus wurde in
den 1920er Jahren im deutschen Protestantismus mit Mißtrauen betrachtet. Den deutschen Vertretern, die bei der internationalen Konferenz in Oud Wasenaer teilgenommen
hatten und dort um der Versöhnung mit Frankreich und Belgien willen ihr persönliches
Urteil über den deutschen Einmarsch in das neutrale Belgien 1914 abgegeben hatten,
wurde auch in den offiziellen Kirchen zum Vorwurf gemacht, daß sie damit die deutsche
Position in der Kriegsschuldfrage verraten hätten. Gerade die Kriegsschuldfrage belastete
schließlich die deutsche Mitarbeit in den Bereichen der Ökumene, wo die deutschen Teilnehmer als offizielle Kirchenvertreter beteiligt waren. – Andererseits erschien der Mehrheit der Weltbundmitglieder eine allzu deutliche Annäherung an die Kirchen nicht wün-
schenswert. Insbesondere Friedrich Siegmund-Schultze, der in der deutschen Weltbund-
vereinigung großen Einfluß ausübte, stand den offiziellen Kirchen in sehr kritischer Distanz gegenüber; er selbst genoß bei den Repräsentanten der Kirchen allerdings auch wenig Sympathien. Nicht umsonst konnte Friedrich Siegmund-Schultze an der Weltkirchenkonferenz in Stockholm 1925 nur auf Grund einer persönlichen Einladung von
Nathan Söderblom teilnehmen, bei der Auswahl der offiziellen deutschen Delegation war
er übergangen worden.“* (Christa STACHE, Pazifismus und Ökumene: Der Weltbund für internationale Freundschaftsarbeit der Kirchen 1914 – 1948, in: Bilanz
und Perspektiven. 75 Jahre Versöhnungsbund, Uetersen 1990, S. 37ff.)
[26] Harmjan DAM, Der Weltbund für Freundschaftsarbeit der Kirchen 1914 – 1948.
Eine ökumenische Friedensorganisation, Frankfurt/M 2001, S. 11.

and order) zu einer der drei Gründungssäulen des heutigen Ökumenischen Weltrates der Kirchen (ÖRK).[27]

---

[27] Diese Entwicklung zu Gewaltfreiheit hin prägte Dietrich Bonhoeffer 1934 bei der Jugendkonferenz des Weltbundes in Fanö/ Dänemark wesentlich mit: *„Bonhoeffer fragte in seinen Thesen ... nach der Vollmacht des Weltbundes zur Friedensarbeit. Er begründet sie nicht humanitär, sondern aus einer christologischen Ekklesiologie. Die Zweckgemeinschaft des Weltbundes verwandelt sich in die Gemeinschaft der Kirche, indem sie das göttliche Friedenswort hört und frei gebietet. Gegenüber 1932 ist die Direktheit neu, mit der die jegliche Dispensierung vom Gebot und seiner Erfüllung ausgeschlossen wird. ... So ausschließlich hatte er bisher dem Krieg noch nicht jegliche Rechtfertigung untersagt, auch nicht dem Verteidigungskrieg."* (Eberhard BETHGE, Dietrich Bonhoeffer. Eine Biographie, Berlin 1986, S. 447.) Am 28.8.1934 in der Morgenandacht zu Psalm 85, 9: „Ach, daß ich hören sollte, was der Herr redet, dass er Frieden zusagte seinem Volk und seinen Heiligen'." *„Sehr gedrängt formuliert ist diese Ansprache Bonhoeffers einseitigste und stärkste Äußerung zum Frieden, die wir besitzen. Sie trägt das Kennzeichen jener düsteren Wochen und reicht doch weit über die Tage Hitlers hinaus. Hier in der gottesdienstlichen Verkündigung konnte er die Erwägungen zur Problematik des Für und Wider hinter sich lassen. Hier ging es nicht um das ratlose Austauschen offener Fragen, sondern um die direkte Aufforderung, Entscheidungen zu wagen. – Er hatte sich überlegt, in welcher Autorität er, der Achtundzwanzigjährige, vor diese Versammlung treten dürfe. – Ihm stand die Kraft der Analyse der Weltsituation zur Verfügung wie den anderen auch. Er hätte Ratschläge erbitten und weitergeben können. Seine Lösung war, daß es keine andere Stütze der Autorität geben konnte als die, welche allein im Friedendgebot selbst zu finden war. So redete er diese wohlabwägende Versammlung in der Predigt leidenschaftlich auf ihre Existenzberechtigung an, die jetzt eigentlich nur darin bestünde, daß sie das Friedensevangelium vollziehend gebietet. Wieder gebrauchte er das Wort ‚Konzil', das seine Hörer damals schockieren mußte. Aber er wollte sie über ihr Selbstverständnis als eines Verbandes, der berät und Meinungen beschließt, hinausführen; ein Konzil verkündet, bindet und löst, worin es selbst gebunden und gelöst ist. ... Das Gebot eines Konzils hielt er für mächtiger als das des Einzelnen und als das einzelner Kirchen; die einzelne Kirche ,... wird erdrückt von der Gewalt des Hasses'; schon das Zusammentreten dieses Konzils ist eine erste Friedenstat, aus der heraus es gewichtiger reden kann. – ... nie vorher hatte er den Gewaltverzicht so entschieden als Verteidigungsverzicht des Nachfolgenden ausgesprochen. Christen ,können nicht die Waffen gegeneinander richten, weil sie wissen, daß sie damit Waffen auf Christus selbst richteten.' Das war die stärkste Begründung seines ,christlichen Pazifismus'."* (EBD., S. 449 f.)

Die Kirchen

und

Freundschaftliche Beziehungen zwischen den Nationen.

———

KONFERENZ IN KONSTANZ.

3. bis 4. August, 1914.

———

DEBATTENORDNUNG.

ZUR BEACHTUNG.—Diese Ordnung wird dem provisorischen internationalen Komitee zur Genehmigung unterbreitet. Falls sie von demselben angenommen wird, soll sie dem Vorsitzenden als Richtschnur während der Konferenz vorgeschlagen werden.

———

1. Die Konferenz soll aus vier Sitzungen bestehen :—
    1. Sitzung, Montag, den 3. August 10 Uhr V. bis 1 Uhr N.
    2. Sitzung, Montag, den 3. August 8.30 Uhr A. bis 10.30 Uhr A.
    3. Sitzung, Dienstag, den 4. August 10 Uhr V. bis 1 Uhr N.
    4. Sitzung, Dienstag, den 4. August 8.30 Uhr A. bis 10.30 Uhr A.

2. Die Vorsitzenden für jede Sitzung sind :—
    1. Sitzung, Mr. J. Allen Baker, M.P., London.
    2. Sitzung, Herr Konsistorial-Präsident Dr. Curtius, Strassburg i/E.
    3. Sitzung, Rev. W. P. Merrill, D.D., New York.
    4. Sitzung, Monsieur le Sénateur Réveillaud, Paris-Versailles.

3 Der Vorsitzende jeder Sitzung nennt die Redner und seine Entscheidung über alle Punkte der Ordnung ist entgültig.

4. Dem Vorsitzenden und dem Antragstellenden sind 15 Minuten Rede gestattet, allen anderen Rednern 10 Minuten.

5. Abänderungen können von jedem Redner beantragt werden, vorausgesetzt er meldet sie bei dem Vorsitzenden schriftlich an. Der Vorsitzende soll jedoch das Recht haben, eine Abänderung zu verweigern, wenn er dieselbe als nicht zu dem Antrage gehörig oder im Interesse der Konferenz für unangemessen erachtet.

6. Alle Reden sind im allgemeinen entweder in der deutschen, französischen oder englischen Sprache zu halten. Am Schlusse einer jeden Rede ist eine kurze

Synopsis derselben in den jeweiligen beiden anderen Sprachen durch Dolmetscher zugeben. Eine Übersetzung in andere Sprachen ausser den genannten drei kann nicht zugesichert werden.

7. Wenn eine Abstimmung über irgend eine Frage gefordert wird, hat der Vorsitzende dieselbe durch Handaufheben absunehmen und wenn seine Entscheidung angezweifelt wird, ist der Name eines jeden Abgeordneten einzeln aufzurufen und seine Stimme "Für" oder "Wider" vorzumerken. Stimmenmehrheit soll entscheiden.

8. Wenn eine Abänderung beantragt und unterstützt wird, ist dieselbe nach der Debatte zur Abstimmung zu bringen. Wird sie angenommen, so muss der ursprüngliche Antrag dementsprechend abgeändert und in seiner abgeänderten Form wieder der Debatte und Abänderung unterwofen werden.

9. Ein Protokoll über die Konferenz ist von den Sekretären zu führen. Die Reden sind im Wortlaut stenographisch aufzunehmen. Abschrift des Protokolls und alle anderen Berichte sind jedem Delegierten in einer von dem provisorischen internationalen Komitee zu bestimmenden Form zuzusenden.

10. Die Konferenz ist nicht öffentlich, jedoch ein Bericht über die Verhandlungen jeder Sitzung ist der Presse in einer von dem provisorischen internationalen Komitee genehmigten Form auszufolgen.

Das Provisorische Internationale Komitee besteht aus den folgenden Mitgliedern :—

Mr J. Allen Baker, M.P., London.
The Rt. Hon. W. H. Dickinson, M.P., London.
Monsieur Jacques Dumas, Paris.
Monsieur le Professeur Louis Emery, Lausanne.
Monsieur le Pasteur Elie Gounelle, Paris.
Rev. E. R. Hendrix, D.D., LL.D., New York.
Herr Hofprediger Kessler, Dresden.
Herr Konsistorialrat Lüttgert, Berlin.
Rev. Frederick Lynch, D.D., New York.
Edwin D. Mead, Esq., M.A., Boston.
Rev. W. P. Merrill, D.D., New York.
Monsieur le Pasteur Jacques Pannier, Paris.
Monsieur le Sénateur E. Réveillaud, Versailles.
Herr Professor Dr. Richter, Berlin.
Rev. J. H. Rushbrooke, M.A., London.
Herr Pastor Dr. Siegmund-Schultze, Berlin.
Very Rev. The Dean of Worcester.

Die folgenden Herren werden gemeinschaftlich als Sekretäre auf der Konferenz fungieren :—

The Rt. Hon. W. H. Dickinson, M.P.
Monsieur Jacques Dumas.
Monsieur le Professeur Louis Emery.
Rev. Frederick Lynch, D.D.
Herr Pastor Dr. Siegmund-Schultze.

2.
Die Anfänge des
Internationalen Versöhnungsbundes

Im chaotischen Aufbruch von der Konferenz in Konstanz kamen die internationalen Tagungsteilnehmer am 3. August 1914 zunächst auf dem Hauptbahnhof von Köln an. Dort erfuhren sie von den ersten Kriegserklärungen. Daraufhin – so wird erzählt[28] – nahm der deutsche Pfarrer und Mitwirkende im internationalen Tagungskomitee Friedrich Siegmund-Schultze die Herrnhuter Losungen „und las den Text für diesen Tag: ‚Siehe, ich habe vor dir gegeben eine offene Tür, und niemand kann sie zuschließen.'"[29] Friedrich Siegmund-Schultze schreibt dann selbst über das sich anschließende persönliche Friedensbekenntnis dieses Augenblicks in Köln:

„Unvergeßlich ist mir die Unterredung, die ich an jenem dritten August auf dem Kölner Bahnsteig mit Henry Hodgkin und einigen anderen Freunden hatte: Wir waren gewiß, daß sich in unserer Friedensgesinnung während der folgenden Kriegsmonate nichts ändern würde, sondern daß wir mit gesteigerter Intensität die Friedensarbeit fortsetzen würden, die uns in Konstanz von neuem innerlich aufgetragen war. Es war so, daß Henry Hodgkin und ich in der Mitte eines Kreises von Gleichgesinnten dieses Bekenntnis ablegten, bei dem wir uns bewußt waren, wie schwer die kommenden Zeiten sein würden. Wir mußten ja auch damit rechnen, daß es nicht leicht sein würde, den Verkehr zwi-

---

[28] Harmjan DAM, Der Weltbund der Freundschaftsarbeit der Kirchen, Frankfurt/Main 2001, S. 61. Dam gibt als Quelle an: Hans GRESSEL, Für eine solidarische Kirche der Zukunft. Friedrich Siegmund-Schultze (14. Juni 1885 – 11. Juni 1969), Mitbegründer der Ökumene und Pionier für das Überleben der Menschheit, in: Junge Kirche 1985, S. 8-10.

[29] Da die Losung für diesen Tag jedenfalls eine andere war, handelt es sich hier entweder um einen Irrtum oder eine Art „Legendenbildung". Der Text jedoch aus Offenbarung 3, 8 entspricht durchaus der Situation. In dem Sendschreiben an die Gemeinde von Sardes heißt es weiter: *„… denn du hast eine kleine Kraft und hast mein Wort bewahrt …"*

schen uns aufrecht zu erhalten; in dieser Hinsicht erwiesen sich die Verbindungen, die wir durch unsere niederländischen und skandinavischen Freunde neu gefestigt hatten, als außerordentlich hilfreich.“[30]

Während sich Regierungen den Krieg erklären, erklären sich Menschen verschiedener Länder gegenseitig den Frieden. Da sie nicht wissen, ob und wann die (Staats-)Kirchen folgen werden, versprechen sie einander den Frieden persönlich und verbindlich und schließen dafür einen Bund.

---

[30] *„Der deutsche Friedrich Siegmund-Schultze und der englische Quäker Henry Hodgkin nahmen auf dem Kölner Bahnhof Abschied voneinander und versprachen sich dabei, in ihren Ländern gegen den wachsenden Haß, gegen die zunehmende Militarisierung, gegen das Anwachsen der Feindschaft sowie gegen die zunehmende Bereitschaft, einander zu töten, tätig zu werden und zur Besinnung auf das biblische Friedensgebot aufzurufen. Dieses gegenseitige Versprechen war die Geburtsstunde des Versöhnungsbundes.“* (Konrad LÜBBERT, Versöhnungsbund – aus der Vergangenheit in die Zukunft, in: Internationaler Versöhnungsbund 75 Jahre. Bilanz und Perspektiven, Uetersen 1990.) – Der Quäker *Henry Tom Hodgkins* (*1877 in Darlington; † 1933 in Dublin) hatte freie Künste und Medizin studiert, bevor er in der christlichen Studentenbewegung aktiv wurde. 1910 wurde er Sekretär der Missionsgesellschaft der Quäker und nahm 1914 als solcher an der Konferenz in Konstanz teil. Er verweigerte den Kriegsdienst und beriet junge Männer, die ebenfalls diesen Weg gehen wollten. – Bereits im Dezember 1914 wird in Cambridge der englische Zweig des Versöhnungsbundes mit 130 Mitgliedern gegründet, um den Krieg, im Gegensatz zum Staatskirchentum und landläufigen Christentum, nicht durch Gewalt, sondern durch die Tat der Liebe zu bekämpfen. Am 12.2.1916 wird von einer weiteren Konferenz in Cambridge aus die folgende Nachricht gesendet: *„Die Konferenz in Cambridge wünscht eine Botschaft des Vertrauens und der Bruderschaft nach Deutschland zu senden, aber es ist ihr gegenwärtig, wieviel Missverständnisse oft durch formelle Briefe entstehen … Wir schreiben in der Hoffnung, dass vielleicht ein ähnlicher Bund der Versöhnung in der Stille in Deutschland gebildet werden könne, selbst jetzt während der gegenwärtigen Krisis.“* – „Die Eiche“ berichtet im Januar 1917 (!) von den englischen Quäkern und dem Versöhnungsbund in England als von Menschen, die Anteil haben am „Amt, das die Versöhnung predigt“ (2. Korinther 5, 18), von ihrer Haltung, sich vom Krieg zurück zu ziehen und lieber selber zu leiden sowie von den Fragen, mit denen sie sich befassen: Verwendung des eigenen Vermögens, Kriegsdienstverweigerung angesichts der Wehrpflicht, wie man den Geist des Militarismus bekämpft und zu aktuellen Kriegsereignissen. – Im Januar 1921 berichtet „Die Eiche“ davon, dass der englische Versöhnungsbund von 130 Mitgliedern auf 8000 angewachsen ist und Lehrer, Geistliche, Kaufleute, Handwerker, Arbeiter umfasst. – 1919 gründete Henry Hodgkins mit anderen zusammen offiziell den Internationalen Versöhnungsbund.

Nach dem Versprechen von Köln wurde der englische Zweig noch im Dezember 1914 gegründet. Die englischen Freunde „... *wählten ... den Namen ‚Fellowship of Reconciliation' (Versöhnungsbund) und bekannten sich zu ‚Christi Revolutionsprinzip der Liebe'.*"[31] 1915 entstand je ein Zweig in den USA, in Dänemark, Schweden, Finnland, Norwegen und 1916 in den Niederlanden.

Wie ging es in Deutschland weiter? Das können wir nur aus den wenigen bisher bekannten Quellen dieser Zeit erschließen.

Friedrich Siegmund-Schultze wird oft genug von seinen Aufgaben derart in Anspruch genommen worden sein, dass er immer wieder Mitarbeitende in einer Art Freundeskreis um sich scharte, um mit ihnen gemeinsam die anstehenden Aufgaben zu bewältigen. Er schreibt 1918 in der „Eiche": „*Allen denen, die sich auf dieses Programm einigen wollen, rufen wir erneut zu, sich unserem Bunde anzuschließen. Wir haben bereits vor dem Kriege Mitglieder gesammelt und dann während des Krieges ein Memorandum herausgehen lassen ... Wir bitten alle, die den Zeitpunkt für gekommen erachten, mehr als bisher bei unserer Sache mitzuarbeiten, sich bei unserer Geschäftsstelle Berlin ... anzumelden.*"[32]

1921 schreibt der Chronist der Berliner Regionalgruppe des Versöhnungsbundes rückblickend: „*Der Versöhnungsbund ist in Deutschland ganz in der Stille gebildet worden und versuchte, im Kleinen anfangend, an die großen Fragen der Menschheit und des Weltfriedens heranzugehen. Der Keim dazu war schon im Kriege vorhanden. Nach dem Kriege wirkte das, was die in Deutschland arbeitenden Quäker, die wiederum meist Glieder der englischen und amerikanischen Schwestervereinigungen (Fellowship of Reconciliation) waren, zu sagen hatten, befruchtend auf die weitere Entwicklung. So wurde immer lebendiger die neue Aufgabe, mit dem Friedensgedanken nicht nur im großen Staatensystem, sondern in all unseren eigenen Lebensbedingungen Ernst zu machen.*"[33]

---

[31] Hans GRESSEL, Friedrich Siegmund-Schultze. Ein Pionier der Friedensbewegung, Sonderdruck der Zentralstelle für Recht und Schutz der Kriegsdienstverweigerer aus Gewissensgründen e.V. (Hg.), Bremen 1982. – Im Herbst 1915 gehören bereits 1550 Mitglieder zum englischen Versöhnungsbund.

[32] Die Eiche 4/1918, S. 397. Dieses Programm, von dem hier die Rede ist, fehlt bislang.

[33] Die Eiche 1/1921, S. 69 von Albrecht Peter.

Die Anliegen des Versöhnungsbundes: *„Friedrich Siegmund-Schultze und die übrigen Mitglieder verstanden den Internationalen Versöhnungsbund als gewaltfreie Bewegung für eine revolutionäre ‚Christliche Internationale'. Die Zielvorstellungen waren und blieben bis zum heutigen Tage: Ökumene, soziale Gerechtigkeit und internationaler Friede. In der Satzung des deutschen Zweiges ... heißt es: ‚Die Nachfolge Christi stellt uns in den Dienst der sozialen Gerechtigkeit und des Friedens unter den Völkern und ruft uns zur Überwindung des Krieges.' Der Versöhnungsbund verwirft tötende und verletzende Gewalt als Mittel, Streitigkeiten zwischen Gruppen, Rassen und Völkern auszutragen. Deshalb tritt er für Schiedsgerichte, übernationale Rechtsinstanzen und entschlossene Abrüstung ein. Außerdem kämpft er dafür, daß die gewissensmäßige Entscheidung jedes Staatsbürgers in allen Fragen des öffentlichen Lebens geschützt wird.'"*[34]

Beim Ordnen seines Nachlasses schreibt Friedrich Siegmund-Schultze zur Struktur des Bundes rückblickend selbst: *„Je stärker im Weltbund für Freundschaftsarbeit der Kirchen die kirchlichen Behörden mitarbeiteten, die ihrerseits die Zusammenarbeit mit den staatlichen Behörden nicht vermeiden konnten, und je mehr in der ökumenischen Arbeit mancher Länder nationalistische Einflüsse sich geltend machten, desto dringender wurde die Notwendigkeit, daß eine von nationalistischen Einflüssen unabhängige, ganz auf die neutestamentliche Haltung gegründete Vereinigung die radikale Verpflichtung der Christen zur Friedensarbeit in Wort und Werk verkörperte. Zu Beginn des Ersten Weltkrieges war im Anschluß an die Tagung des Weltbundes für Freundschaftsarbeit der Kirchen eine solche internationale Verbindung entstanden, die in der Folgezeit die klare Ablehnung jeder Kriegsgesinnung und Kriegshandlung auf Grund des Evangeliums vertrat. Der Internationale Versöhnungsbund, der nach ersten Vorgesprächen in den Tagen der Entstehung des Ersten Weltkrieges die Bewährungsprobe seiner Gründer im Kriege selbst unter Beweis stellte, wurde offiziell 1919 auf einer Konferenz von Bilthoven in Holland begründet."*[35]

---

[34] Hans GRESSEL, Friedrich Siegmund-Schultze. Ein Pionier der Friedensbewegung, Sonderdruck der Zentralstelle für Recht und Schutz der Kriegsdienstverweigerer aus Gewissensgründen e.V. (Hg.), Bremen 1982.

[35] Friedrich Siegmund-Schultze, Inventarverzeichnis, S. 19/20.

1919 also erfolgte auf Initiativen von Cornelis Boeke (Niederlande) und Henry Hodgkins (Großbritannien) in Bilthoven bei Utrecht / Niederlande die Gründung des über Großbritannien und Deutschland hinausreichenden Internationalen Versöhnungsbundes (International Fellowship of Reconciliation – IFOR). Aus der ersten Erklärung: *„Daher … ist es uns verwehrt, Krieg zu führen, und uns statt dessen unsere Loyalität zu unserem Land, zur Menschlichkeit, zur Kirche … aufruft, eine lebenslange Inthronisierung von Liebe im persönlichen, sozialen, wirtschaftlichen und nationalen Leben voranzutreiben.“*[36] Etwa 50 Vertreter aus zehn verschiedenen Ländern trafen sich, Reisesekretäre wurden berufen und ausgesandt. Zu den ersten Mitgliedern gehörten neben Friedrich Siegmund-Schultze auch der „Engel der Gefangenen“ Mathilda Wrede aus Finnland[37] sowie der in Friedensfragen besonders engagierte katholische Priester Max Joseph Metzger,[38] der römisch-katholische Priester Professor Johannes Ude aus Österreich, die „Grande Dame“ des christlichen Pazifismus aus den Niederlanden Lilian Stevenson (1870-1960). Pierre Cérésole aus der Schweiz war der erste Reisesekretär von IFOR und gründete FOR-Zweige in Japan, China, Australien, Neuseeland sowie in Afrika und Lateinamerika. Außerdem gründete er den Internationalen Zivildienst (Service Civil International).[39] *„Fünf Monate arbeiteten Menschen verschiedener Nationalität in dem vom Krieg zerstörten Dorf Esnes bei Verdun. In den folgenden Jahren wurden Dienste in der Schweiz, in Liechtenstein, Frankreich und England organisiert.“*[40]

---

[36] Aus der Ausstellung zu IFOR während der Feier zum 100 jährigen Bestehen in Konstanz.

[37] *Mathilda Wrede* (1864 1928) engagierte sich in beeindruckender Weise für Gefangene und Arme. Literatur: Ingeborg Maria SICK, Mathilda Wrede, Engel der Gefangenen, Stuttgart 1937.

[38] *Max Joseph Metzger* (* 1887, † 1944) war als Divisionspfarrer im 1. Weltkrieg. Aufgrund seiner Erfahrungen wurde er Pazifist, der sich engagierte im Internationalen Versöhnungsbund, im Friedensbund Deutscher Katholiken und im Weltfriedensbund vom Weißen Kreuz, in der überkonfessionellen Una-Sancta-Bewegung und bei der Verbreitung von Esperanto. Wegen seiner Gesinnung wurde er 1944 hingerichtet. (Quelle: Wikipedia, gelesen am 24.6.2014.)

[39] Rainer SANTI, 100 Jahre Friedensarbeit , in: Friedenszeitung der Schweiz Nr. 125-126/92.

[40] Hans GRESSEL, Der Internationale Versöhnungsbund und die gewaltfreie Aktion. IFOR hat Beraterstatus bei den Vereinten Nationen. – Zu Pierre Cérésole: Alfred BIETENHOLZ-GERHARD, Pierre Cérésole, Bad Pyrmont 1962.

Marie Pleißner[41], eine Pädagogin und beeindruckende Friedensstifterin aus Chemnitz, gehörte ebenfalls ab 1919 zum Internationalen Versöhnungsbund.

Leonhard Ragaz schrieb: *„Jene Versammlung in Bilthoven konnte ich nicht mitmachen, ich wurde aber von einer Flamme berührt."*[42]

Ein Resümee: *„Es ist erstaunlich, und es zeigt die Kraft dieses kirchlichen Aufbruchs, dass aus dieser doch eigentlich missglückten Konferenz in Konstanz gleich zwei Bewegungen hervorgegangen sind, die auch durch*

---

[41] *Marie Pleißner* (geb 1891 in Chemnitz, gest. 1983 in Karl-Marx-Stadt – heute wieder Chemnitz) brachte ihre Erfahrungen aus Vorkriegs- und zwei Kriegszeiten mit in die DDR ein. Als Hauslehrerin in einer Offiziersfamilie lehnte sie 1911 die militärische Erziehung der Kinder des Hauses ab, wurde Lehrerin für Deutsch, Religion und Turnen. In ihrer Freizeit setzte sie sich für die Bildungsrechte für Mädchen und Frauen ein. – Ihr Bruder, Offizier im Ersten Weltkrieg, kehrte schwer verwundet zurück und wurde 1924 Mitglied einer pazifistischen Gruppe, die sich während des Nationalsozialismus in den Böhmischen Wäldern versteckte. 1917/18 stellte Marie Pleißner immer wieder Friedensforderungen und trat als vehemente Pazifistin auf. 1919 wurde sie Mitglied in der Deutschen Friedensgesellschaft, der Deutschen Liga für Menschenrechte und im Internationalen Versöhnungsbund. – Durch ihre Mitarbeit in Parteien und Verbänden versuchte sie, die Machtergreifung der Nationalsozialisten zu verhindern. Sie besorgte jüdischen Emigranten Wohnungen in England und wurde Quäkerin. Auch zu DDR-Zeiten geriet sie wegen ihrer kritischen Haltung z. B. wegen der Einführung des Wehrkundeunterrichtes in Schulen mit den Behörden in Konflikt und wurde aus dem Schuldienst entfernt. (Quelle: Siegfried MIELKE / Günter MORSCH (Hrsg.), „Seid wachsam, dass über Deutschland nie wieder die Nacht hereinbricht." Gewerkschafter in Konzentrationslagern 1933 – 1945. Begleitband zur Wanderausstellung des Otto-Suhr-Instituts der Freien Universität Berlin, der Gedenkstätte des Museums Sachsenhausen und der Hans-Böckler-Stiftung, Berlin 2011.)

[42] Gemeinsam für Gewaltfreiheit und Versöhnung, Heft für 100 Jahre Gewaltfreiheit, hrsg. v. FOR Schweiz 2014, S. 13. *„Welches Bild des IFOR diese Berührung hervorrief, beschreibt Leonhard Ragaz wie folgt: ‚Der stärkste und zentralste Anknüpfungspunkt [für seine Sehnsucht nach der ‚Gemeinde', Anm.] blieb längere Zeit der Versöhnungsbund. Er war als Fellowship of Reconciliation noch während des Krieges in England entstanden. Dort rekrutierte er sich hauptsächlich aus den Quäkern, doch standen ihm auch jene Kreise des christlichen Antimilitarismus nahe, zu denen vor allem auch Dr. Frederick Temple, der spätere Erzbischof von Canterbury, gehörte. Seine Schriften stärkten und erquickten mich während des ersten Weltkrieges. Dann verbreitete er sich auf dem Kontinent und nahm zum Teil eine eigenartige Form an. In Bilthoven war es, wo sich um Kees Boeke und dessen Frau eine hohe Flamme des Enthusiasmus entzündete…'"* (Ebd., S. 13.)

einen Weltkrieg nicht gehindert werden konnten, mit der Arbeit zu beginnen."[43]

Bilthoven wurde für die nächsten Jahre zum regelmäßigen Treffpunkt für eine Art Jahrestagung. In der „Eiche" sind die Botschaften der Treffen veröffentlicht.

Nach 1919 gehörten zu den wesentlichen Aufgaben: die Wahrheit über die Grenzen hinweg als Botschafter des Friedens zu tragen, Kinder zu unterstützen (z. B. in Deutschland, Österreich und Russland), Konferenzen, Versammlungen und Friedenseinsätze zu organisieren. Durch die Integration katholischer Bewegungen wurde das internationale Sekretariat dann zeitweise von Kaspar Mayr in Wien geführt.

Zur selben Zeit engagierten sich Max Joseph Metzger u. a. katholische Christen für die Gründung eines Friedensbundes Deutscher Katholiken, die 1923 abgeschlossen war und den Vorläufer der heutigen *Pax-Christi*-Bewegung bildete.

---

[43] Thomas NAUERTH, Das langsame Erwachen. Die christlichen Kirchen und der Friede, in Deutsches Pfarrerblatt, August 2014.

3.
Exkurs zu einigen Entwicklungen
im Versöhnungsbund bis heute

Vom 1. bis 3. August 2014 wurde in Konstanz ‚100 Jahre Versöhnungsbund' gefeiert: seit 1914 *gewaltfrei* aktiv gegen Unrecht und Krieg, für Gerechtigkeit, Frieden und eine *Kultur der Gewaltfreiheit.*

Gewalt meint hier verletzende Gewalt, die physische, moralische, psychische, systemische Verletzung oder Zerstörung der Integrität eines Menschen, einer Gruppe, einer Gemeinschaft, eines Gemeinwesens. Solche Gewalt ist nicht nur personal, sondern auch strukturell im Gefüge einer Gesellschaft. Meist besitzt ein Staat ein Gewaltmonopol und damit Macht, das Verhalten anderer (z. B. Krimineller) zu beeinflussen. Die Gefahr: Eine Machtelite wird dazu gebracht, ihr Gewaltmonopol selbst kriminell zu nutzen und so Macht zu missbrauchen. Eine andere Gefahr: Gewalt auf Vorrat anzulegen. Das geschieht auf die eine Weise dort, wo strukturelle Entscheidungen Alternativen und sie begrenzende Kontrollen und Rechte verhindern (z. B. Staatssicherheit in der DDR, NSA-Abhörpraxis um 2013/14), das geschieht auf andere Weise, wo Massenvernichtungswaffen (zu denen heute auch sogenannte „Kleinwaffen" gehören) hergestellt und bereit gehalten werden: Sie scheinen (Ordnung, Freiheit, Recht und) „Sicherheit" zu versprechen (und sind dabei selbst deren größte Verhinderer) und bewirken einen Gewöhnungseffekt, in dessen lähmender Folge andere Wege der Friedenssicherung (mindestens von den Verursachern) gar nicht mehr bedacht werden. Eine weitere Gefahr: Gewalt zu fördern und z. B. durch eine ausführliche Berichterstattung in den Medien hochzujubeln oder zu rechtfertigen.

Die Rechtfertigungen von Gewalt sehen verschieden aus: *Für eine humanere Gesellschaft,* für „humane" Interventionen: Menschlichkeit leidet unter jeder Gewalt, auch unter „befreiender". Freilich ist es dringend, sich Gedanken für den Schutz von bedrohten

Menschen zu machen und ihnen beizustehen, doch das sind Polizeiaufgaben (andere Vorbereitung, andere Ausrüstung, internationale Zusammensetzung, klare Einsatzziele und -kriterien, keine wirtschaftlichen, politischen, ideologischen oder militärischen Eigeninteressen), die den schrittweisen Ausstieg aus dem Militär und der Rüstung erfordern. Gewalt als Mittel zum Erreichen eine (gerechten) Zieles bleibt ein unberechenbares „Spiel" und zerstört letztlich oft das Ziel selbst. (Eine 2011 in den USA veröffentlichte Studie, die alle Aufstände zwischen 1900 und 2006 untersucht, kommt zu dem Ergebnis: Gewaltfreie Aufstände sind beinahe doppelt so erfolgreich wie bewaffnete Revolutionen. Die Gründe dafür? Die Fähigkeit, die Massen zu mobilisieren, größere Beteiligungsmöglichkeit, größere Öffentlichkeit, kleinere Risiken, mehr moralische Integrität, geringere Isolierbarkeit der beteiligten Personen, weniger Tote, Verletzte, Zerstörungen, höhere Wahrscheinlichkeit für mehr Demokratie nach dem Konflikt, geringere Wahrscheinlichkeit für einen anschließenden Bürgerkrieg, gewaltfreie Kampagnen benötigen weniger Zeit …[44] Je erfolgreicher eine gewaltsame Aktion im Augenblick zu sein scheint, desto gefährlicher ist sie dafür, den Gedanken der Gewalt zum neuen Saatgut zu machen.

Kulturphilosophische Rechtfertigung: „Der Krieg als Vater aller Dinge" (Heraklit). Entwickelt wurde der Geist für den 1. Weltkrieg bereits in den Befreiungskriegen von 1806/1813, spätestens jedoch nach dem deutsch-französischen Krieg 1870/71 und der Gründung des Deutschen Reiches. In der Kriegs-Erinnerungsfeier der Königlichen Friedrich-Wilhelms-Universität zu Berlin vom 19. Juli 1895, dem 25. Jahrestag des deutsch-französischen Krieges, sagte Heinrich von Treitschke: *„In meiner Jugend sagte man oft: wenn die Deutschen Deutsch werden, gründen sie das Reich auf Erden, das der Welt den Frieden bringt. So harmlos empfinden wir nicht mehr. Wir wissen längst: Das Schwert muss behaupten, was das*

---

[44] Erica CHENOWETH/Maria J. STEPHAN, Why Civil Resistance Works: The Strategic Logic of Nonviolent Conflikt, Columbia University Press 2011; hier entnommen aus: Stefan MAAß, Warum und wie gewaltfreie Kampagnen funktionieren, in: Richte unsere Füße auf den Weg des Friedens – Pazifistisch-gewaltfreie Texte zur friedensethischen Positionierung der badischen Landeskirche, Karlsruhe 2012, S. 33ff und in: Ders., im Rundbrief von gewaltfrei konkret, Oktober 2013.

Schwert gewann, und bis ans Ende wird das Männerwort gelten: durch Gewalt wird Gewalt überwältigt. Und doch liegt ein tiefer Sinn in jenen alten Versen." Der Sinn: Deutschland hat der Welt den Frieden geboten, *„nicht durch das Heilmittel der Friedensschwärmer, die Abrüstung, sondern durch das genaue Gegentheil, die allgemeine Rüstung. Deutschlands Beispiel erzwang, dass überall die Heere zu Völkern, die Völker zu Heeren, mithin die Kriege zum furchtbaren Wagnis wurden ...* "[45] – Weitere Gedanken wurden entwickelt, z. B.: Wissenschaft und Technik schalten den Zufall aus und helfen bei schnellerer und (für eine Seite scheinbar) effektiverer Beendigung des Krieges. In diesem Irrtum hat Fritz Haber das Giftgas für den Ersten Weltkrieg entwickelt. Heute werden Drohnen entwickelt, um die eigenen Soldaten zu schonen und schneller zum Ziel der Vernichtung zu kommen.

Religiöse Rechtfertigung von Gewalt: Dafür sind die Beispiele aus dem Ersten Weltkrieg in Deutschland zahllos. – Was allen kriegführenden Seiten gemeinsam ist: der Gedanke, die Herrschaft der Nation zu erhalten, zu bekommen oder anzustreben. Herrschaft aber braucht einen Mythos, eine Ideologie, einen „Glauben": die Gedanken, dass Gewalt Probleme löst und rettet, dass Krieg Frieden bringt, dass Macht Recht schafft, dass Stärke Sicherheit bewirkt, dass Sieg Sinn mache und alle Niederlagen unbedingt vermieden werden müssen. Das Streben nach wirtschaftlicher und nationaler Dominanz wird verbunden mit der Gewalt. So kann Walter Wink, der Neutestamentler aus den USA, Ende des 20. Jahrhunderts sagen: *„Allein die Gewalt ist die herrschende Religion unserer heutigen Gesellschaft"*[46], und nicht erst der heutigen. – Um diese herrschende Ideologie zu stützen, wurden die Bibel auf geeignete Weise interpretiert, so dass z. B. der Lebenseinsatz eines Soldaten für sein Volk dem Opfertod Christi an die Seite gesetzt wurde (ohne zu bedenken, dass jener Soldat

---

[45] Berlin 1895. Weitere Reden z. B. aus Anlass von 25 Jahre Übernahme der kaiserlichen Würde durch Friedrich Wilhelm I 1871 in Versailles (!). Karl WEINHOLD, Rede zur Erinnerungs-Feier der Königlichen Friedrich-Wilhelms-Universität am 18. Januar 1896 in Berlin, Berlin 1896 – und die zum politischen Testament Friedrich Wilhelms I. am 27, Januar 1896 in Berlin gehaltene Rede von Gustav SCHMOLLER.

[46] Walter WINK, Verwandlung der Mächte, Regensburg 2014, S. 49.

ja zum Töten ausgebildet worden war, Christus zum Lieben) und entsprechende Instrumente installiert (chauvinistische Pädagogik, Militärseelsorge ...). – *„Es ist in einer Welt voller Gewalt unsere Aufgabe, die Ursachen der Gewaltsituationen zu analysieren und die Kräfte stärken zu helfen, die einmal eine gewaltfreie Politik zu tragen vermögen."* (Hanns de Graaf) – Walter Wink hat den Blick auf die neutestamentliche Botschaft von der gewaltfreien Liebe Gottes in Jesus Christus wieder auf eine eindrückliche Weise frei gelegt: Das Kreuz ist die Botschaft von der Gewaltfreiheit Gottes. Und Nachfolge Jesu ist Nachfolge in der Gewaltfreiheit – in der Korrespondenz, im Gespräch mit der je eigenen Zeit und Umgebung. Als Weg zwischen gewaltsamem Kampf und Passivität oder Gleichgültigkeit wird Gewaltfreiheit – als Aktionsform und als Handlungsmaxime – Wege des Widerstehens, des Einmischens und des Entwickelns neuer Wege suchen, bei denen Gegner/Feinde immer auch im Blick auf ihre ursprüngliche Berufung hin angesehen werden.

Erlauben Sie mir aufgrund des Jubiläums „100 Jahre Versöhnungsbund" noch einen Ausflug bis in die Gegenwart.[47] Der deutsche Zweig des Versöhnungsbundes (VB) umfasst heute 950 Mitglieder und hält über IFOR Verbindung zu Partnerorganisationen in über 60 Ländern. IFOR war von Anfang an über eine Anti-Kriegsbewegung hinaus ein Verbund von Menschen, Gruppen, Organisationen, die aus der Kraft der Wahrheit und der Liebe lebten. Aus dieser Kraft heraus deckten sie Gewalt in vielen Lebensbereichen auf und halfen mit, lebensbewahrende und lebensaufbauende gerechte Alternativen zu entwickeln. Das Ziel ist eine Kultur des Friedens und der Gewaltfreiheit in allen Lebensbereichen. Dafür sind viele auch bereit, sich mit allen ihren Kräften einzusetzen.

Unter den Mitgliedern von IFOR sind sechs Friedensnobelpreisträger/innen zu finden:

Jane Addams / USA,
Emily Greene Balch / USA,

---

[47] Zu DDR-Zeiten war ich dem Versöhnungsbund in der Bundesrepublik privat verbunden, und seit 1990 bin ich selbst Mitglied, vier Jahre davon im Vorstand (2010 – 2014) und zwei Jahre als stellvertretender Vorsitzender.

Albert Luthuli / Südafrika,
Martin Luther King / USA,
Mairead Corrigan-Maguire / Nordirland,
Adolfo Maria Pérez Esquivel / Argentinien –
und ein Träger des Alternativen Nobelpreises,
Sulak Sivaraksa / Thailand.

Über Jahre waren als Reisesekretär/in tätig: Hildegard Goss-Mayr und Jean Goss (beide Österreich), die in verschiedenen Ländern die gewaltfreie Bewegung mit erstaunlichen Ergebnissen mit initiiert haben.[48] Weitere Mitglieder: Mathilde Wrede, Manilal Gandhi (M. Gandhis Sohn), Martin Niemöller, Präses Wilm, Max Joseph Metzger, Hermann Stöhr, Reinhold Schneider, Friedrich Heer, Marie Pleißner u. a .m.

Der amtierende Präsident, Ullrich Hahn, setzt sich als Rechtsanwalt in Villingen für Flüchtlinge und Asylbewerber ein und sorgt durch seine pointierten Thesen für wichtige „Schneisen" in der Diskussion um die Fragen der Gewaltfreiheit. Der heutige [2014] Vorsitzende, Matthias-W. Engelke, ist als evangelischer Pfarrer in Lobberich-Nettetal tätig und u. a. bei den Protesten gegen die Stationierung und Modernisierung von Atomwaffen bei Büchel/Hunsrück, in der Flüchtlingsarbeit und in der Friedenstheologie aktiv.

IFOR hat Beratungsstatus bei den Vereinten Nationen und arbeitete als Mitglied der Internationalen Koordination für die Dekade zu einer Kultur des Friedens mit (2001 – 2010). IFOR engagierte sich besonders bei der Gründung von Eirene, amnesty international, Peace Brigades International und unterstützt eine Reihe NGO's in anderen Ländern.

Der Versöhnungsbund (VB) ist über Church and Peace in besonderer Weise den historischen Friedenskirchen verbunden, den Quäkern, Mennoniten sowie der Kirche der Brethren. – Der VB ist maßgeblich mit beteiligt gewesen an Initiativen, die zur Gründung der Zentralstelle für Recht und Schutz der Kriegsdienstverweigerer aus

---

[48] Hildegard GOSS-MAYR/Jean GOSS, Evangelium und Ringen um Frieden, Uetersen 1997 (2. Auflage); Hildegard GOSS-MAYR, Wie Feinde Freunde werden. Mein Leben mit Jean Goss für Gewaltlosigkeit, Gerechtigkeit und Versöhnung, Freiburg i. Br. 1996; Hildegard GOSS-MAYR/Jo HANSSENS, Jean Goss. Mystiker und Zeuge der Gewaltfreiheit, Ostfildern 2012; u. a. m.

Gewissensgründen und der „Kurve" in Wustrow/Wendland führten. Er ist in besonderer Weise den Kirchen verbunden, hat die Aufarbeitung der lutherischen und unierten Kirchen zu CA 16[49] in Gang gebracht und trug so mit zu deren Aussöhnung bis hin zur Abendmahlsgemeinschaft (1999) bei.[50]

Der Versöhnungsbund hat weiterführende Literatur ins Deutsche übersetzt und herausgegeben.[51]

Die Themen der jährlichen Jahres- und Fachtagungen, Einkehrtage und Aktionstage inspirieren dann immer wieder die vielfältige Praxis der Mitglieder vor Ort.

---

[49] Augsburgische Konfession (Confessio Augustana) von 1530, Artikel 16 zu Staatsordnung und weltlichem Regiment, in dem es u. a. heißt, dass Christen ohne Sünde „rechtmäßig Kriege führen, in ihnen mitstreiten … Eide leisten …" können und dass verdammt werden, die das verweigern. So wurden Täufer hingerichtet, weil sie genau das bestritten.

[50] Christoph Demke, damals Bischof der Evangelischen Kirche der Kirchenprovinz Sachsen in Magdeburg, hielt 1999 bei der Versöhnungs-Begegnung zwischen lutherischen Kirchen und Mennoniten in Augsburg eines der wesentlichen Referate, in dem er die impulsgebende Rolle des Versöhnungsbundes ausdrücklich beschreibt. (Christoph DEMKE, „Rechtmäßig Kriege führen" oder „sich widersetzen"? Zum Umgang mit Artikel 16 der Confessio Augustana, in: epd-Dokumentation 52/2005, S. 7ff.)

[51] Z. B.: Pat PATFOORT, Sich verteidigen ohne anzugreifen. Die Macht der Gewaltfreiheit, Karlsruhe 2008; Walter WINK, Angesichts des Feindes. Der dritte Weg Jesu in Südafrika und anderswo, München 1988; Jean LASSERRE, Die Christenheit vor der Gewaltfrage. Die Stunde für ein Umdenken ist gekommen, hrsg. von Matthias Engelke und Thomas Nauerth, Berlin 2010; Ullrich HAHN, „Dass Gerechtigkeit und Friede sich küssen". Gedanken zu gewaltfreiem Tun und Lassen (hg. von Eberhard Bürger); Ullrich HAHN: Vom Lassen der Gewalt. Norderstedt 2020; Holger GROTEFELD (Hg.), Ein reines Gewissen? Amerikanische und britische Kriegsdienstverweigerer im Zweiten Weltkrieg, Minden 2005; Eberhard BÜRGER, Kirche des Friedens werden – Aufbrüche im Bereich der ehemaligen DDR, Buch 2013; Walter WINK, Die Verwandlung der Mächte, eine Theologie der Gewaltfreiheit, hrsg. von Thomas Nauerth und Georg Steins, Regensburg 2014.

4.

Der Beginn der internationalen Friedens-Bewegung

Der Weltbund und der Versöhnungsbund haben in der Friedensforschung bisher wenig Beachtung gefunden,[52] gehören jedoch als eigenständige Stimmen in den großen Zusammenhang der internationalen und der deutschen Friedens-Bewegung hinein.

In welchem Kontext entstand die Friedensbewegung in Deutschland?

Da sind zunächst die Ursprünge: Das jüdisch-christliche Tötungsverbot sowie die christlichen Impulse zu Gewaltfreiheit und Nächstenliebe, auch die Weigerung, fremde Mächte (zunächst den römischen Kaiser) anzubeten, die von einigen ersten Gemeinden gelebt und von den Friedenskirchen weitergeführt wurden.

Überraschend, wie viele Kriege seit 1450 mit Beteiligung von deutschen Landesteilen geführt worden sind, darunter einer mit dreißig Jahren Dauer und einer mit sieben Jahren[53]:

1445–1451 | Sächsischer Bruderkrieg
1461–1462 | Mainzer Stiftsfehde
1462 | Badisch-Pfälzischer Krieg
1499 | Schwabenkrieg (Schweizerkrieg)
1474–1477 | Burgunderkriege
1519–1521 | Reiterkrieg

---

[52] Sie werden selten mit aufgeführt und wenn, dann meist nur kurz benannt, z. B. Karlheinz LIPP, Friedensforscher, in: Frieden und Friedensbewegungen in Deutschland 1892 – 1992, Essen 2010. Erst in letzter Zeit taucht der Versöhnungsbund durch seine profilierte Arbeit wieder mehr auf, z. B. im EKD-Heft: *„Fürchtet Gott, ehrt den König!"* ‚Reformation. Macht. Politik', so lautet der Titel des EKD-Magazins zum Themenjahr 2014 mit Beiträgen zu allen drei Schwerpunkten. Dort wird die Aktionsgemeinschaft Dienst für den Frieden (AGDF) vorgestellt und dabei auch ausführlicher auf den Versöhnungsbund hingewiesen.
[53] Wikipedia, gelesen im Januar 2014: Durch die Zugehörigkeit zum „Heiligen Römischen Reich deutscher Nation" wird die Zuordnung z. T. sehr komplex, d. h. die Auflistung ist unvollständig.

1521-1526 | gegen Frankreich
1522–1523 | Pfälzischer Ritteraufstand
1524–1526 | Deutscher Bauernkrieg
1534–1535 | Grafenfehde (Beteiligung Lübeck, Preußen)
1552–1555 | Zweiter Markgrafenkrieg
1618-1648 | Dreißigjähriger Krieg und zahlreiche Unterkriege
1688–1697 | Pfälzischer Erbfolgekrieg
1756-1763 | Siebenjähriger Krieg (Preußen)
1778–1779 | Bayerischer Erbfolgekrieg
1794–1795 | Russisch-Preußischer Polenkrieg
1806 | Sieg Napoleons über die Preußen, Napoleonische Kriege
1813 | Völkerschlacht bei Leipzig
1848–1851 | Schleswig-Holsteinischer Krieg
1864 | Deutsch-Dänischer Krieg
1866 | Deutscher Krieg (Preußisch-Österreichischer Krieg,
    Kämpfe um die Errichtung des Deutschen Reiches)
1870-1871 | Krieg gegen Frankreich
1914-1918 | Erster Weltkrieg

Daneben gab es immer die – christlich und humanistisch verwurzelte – Sehnsucht nach Frieden[54] und Vordenker in Friedensfragen,

---

[54] Zu den sogenannten *„Friedenskirchen"* gehörten im Mittelalter: die Waldenser,
der gewaltfreie Zweig der Hussiten (die späteren Böhmischen Brüder), zur Reformationszeit ein Zweig der Täufer und heute vor allem die Mennoniten, die
Quäker und die Church of the Brethren. Auch die Hutterer/Brüderhöfe werden
in dem Zusammenhang genannt. Sie sind als Erneuerungsbewegungen entstanden, berühren sich in der Frage der Gewaltlosigkeit und der Ablehnung des Militärdienstes, oft auch der Ablehnung des Eides. Damit knüpfen sie an urchristliche Traditionen an und entwickeln sie für die Menschen in ihrer jeweiligen Umgebung. Die *Mennoniten* gehen um 1536 auf Menno Simon zurück. Bergpredigt
und Jakobusbrief sind ihre bevorzugten biblischen Quellen. Sie leben in vielen
europäischen Ländern sowie in den USA (bes. Pennsylvania) und Russland. In
Deutschland werden ca. 100.000 Mitglieder geschätzt, die zur ACK (Arbeitsgemeinschaft Christlicher Kirchen) gehören. – Die *Quäker* bildeten sich um 1649
heraus. William Penn und George Fox sind zwei der prägenden Namen aus ihrer
Geschichte. Sie nehmen die persönliche Erfahrung/Offenbarung sehr ernst und
stellen sie über oder neben die Erfahrungen mit der Bibel, je nachdem welcher
„Strömung" sie angehören: ob „evangelikaler", „konservativer" oder „liberaler".
– Die *Church of the Brethren* ging um 1723 aus der Täuferbewegung hervor. Viele
Täufer verließen Europa wegen der Verfolgung durch Lutheraner und Katholi

die ihre Schriften veröffentlichten.[55] Aus der Aufklärung kamen erste Konzepte eines rationalen Vertragssystems internationaler Beziehungen sowie Ideen zum weltweiten freien Wirtschaftsaustausch.

Was heute allgemein als Friedensbewegung bezeichnet wird, begann vor fast 200 Jahren. Vor allem in den USA (1815), in Großbritannien (1816) und der Schweiz (1830) schlossen sich Menschen mit unterschiedlichen Wurzeln zusammen, mit christlichen (hier spielten die Quäker in England und den USA die herausragende Rolle), jüdischen, humanistischen Wurzeln. Mit ganz unterschiedlichen Strategien beteiligten sie sich z. B. an der Abschaffung der Sklaverei, setzten sich für Menschenrechte, soziale Verbesserungen und Freihandel ein: als Einzelpersönlichkeiten und Vereine, als politische Gruppierungen und Parteien, als bürgerliche Friedensgesellschaften und anarchistische Gruppen, als freidenkerische oder antiimperialistische Bewegungen, als kleine lokale Gruppierungen. Die

---

ken und ließen sich in den heutigen USA nieder. Auch bei ihnen spielt die Bergpredigt eine Schlüsselrolle. 2008 haben sie ihr 300jähriges Bestehen in Schwarzenau an der Eder gefeiert. (Quelle: Wikipedia). – So klein und so verschieden diese Glaubensgemeinschaften sind, sie engagieren sich im sozialen Bereich, bei Freiwilligendiensten, im Fairen Handel, bei der theologischen Arbeit, bei Projekten und an anderen Stellen auf der Suche nach einer menschlicheren und gerechteren Welt. – Mit ihrer klaren Betonung der Gewaltlosigkeit und der Verweigerung des Militärdienstes bleiben sie ein „Stachel im Fleisch der großen Kirchen" und der Ökumene: Sie halten die grundlegenden Fragen wach, ob und weshalb sich die Mehrheit der christlichen Kirchen nicht auf die Gewaltlosigkeit konzentriert und wie sie ihr Verhältnis zur Macht gestaltet (Eid, Militärdienst, Krieg, Rüstung, Friedensengagement …). – Zu diesen Bewegungen gehört auch der gewaltfreie Zweig der Hussiten, die Böhmischen Brüder. Vor allem ihr Bischof Johann Amos Comenius entwickelte ausführliche Gedanken zur künftigen gewaltfreien Friedensarbeit (z. B. Jan Amos KOMENSKÝ, Allgemeine Beratung über die Verbesserung der menschlichen Dinge, Berlin 1970).

[55] Vordenker in Friedensfragen z. B.: Erasmus von Rotterdam (1467-1536), Sebastian Franck (1499-1543), Eméric Crucé (ca. 1590-1648), Maximilian de Béthume Sully (1560-1641), Hugo Grotius (1583-1645), Johann Amos Comenius (1592-1670), William Penn (1644-1718), Abbé de Saint Pierre (1658-1743), Immanuel Kant (1724-1804), Leo Tolstoi (1828-1910). – Wie viele andere Frauen und Männer hatten auch Ideen dazu und konnten sie nicht veröffentlichen? Das verloren gegangene, verbotene oder verborgene Wissen früherer Generationen, wir brauchen es, um Alternativen für unsere Fehlentscheidungen zu erkennen und Wege zum Überleben zu finden.

nationalen Friedensgesellschaften versuchten vor allem in Europa, die Friedens-Bewegungen mit Hilfe von Friedenskongressen zu bündeln und zu profilieren.[56] Wer sich die Themen, die Rivalitäten und Spaltungen, die neuen Gründungen und die zunehmende Internationalität, die ganze Lebendigkeit ansieht, der wundert sich darüber, wie spät die Friedens-Bewegung in Deutschland dazu kam.[57]

Wo liegen Gründe für das späte Erwachen einer bedeutsameren Friedens-Bewegung in Deutschland? In der Forschung wird darauf hin gewiesen:

- dass unter Bismarck ein demokratisches Bürgertum kaum einen Raum hatte,
- dass viele Kräfte auf die Herausbildung eines deutschen Nationalstaates ausgerichtet waren,
- dass das Militär bei der Reichsgründung mit drei Kriegen (1864, 1866, 1870/71) und drei Siegen eine herausragende Rolle spielte.

---

[56] Friedenskonferenzen und -kongresse z. B. 1843 London, 1848 Brüssel, 1849 Paris (1. großer internationaler Kongress), 1850 Frankfurt/Main, 1851 London, 1852 Manchester, 1853 Edinburgh, 1867 Gründung einer Internationalen Friedensliga (International League for Peace) in Paris und Genf (… for Peace and Freedom). – 1869 Zusammenschluss für weltweite Friedenskongresse (aus Deutschland dabei: Christopher von Egidy). – 1892 Bern: Satzung der „Internationalen Union der Friedensgesellschaften": Einberufen einer Konferenz der europäischen Staaten für Abrüstung; erstmals werden Arbeiterorganisationen zu Friedenskongressen eingeladen. 1893 Chicago, 1894 Antwerpen, 1896 Budapest, 1899 Berlin, 1900 Erste Haager Konferenz, 1907 Zweite Haager Konferenz. – In England gelangte 1849 zum ersten Mal eine pazifistische Partei in ein Parlament. 1850 führte die Fotografie die Schrecken des Krieges zum ersten Mal vor Augen. Angesichts des französisch-italienischen Krieges gründete Henry Dunant 1863 das Rote Kreuz und setzte sich für die 1864 verabschiedete Genfer Konvention zum Schutz der Kriegsgefangenen ein.

[57] Zwar tagt 1850 bereits ein Friedenskongress in Frankfurt/M und es bildet sich eine lokale Friedensgruppe in Königsberg, die jedoch bereits 1851 wieder verboten wurde, doch an ein größeres Engagement in Sachen Frieden ist nicht zu denken. 1869 bildet sich eine erste pazifistische Gruppe, die Gesellschaft für Friedensfreunde (in Anlehnung an die Quäker: Gesellschaft der Freunde). 1884 reiste der Engländer Hodgson Pratt durch Deutschland, um für die Gründung von Friedensgruppen zu werben. Ergebnis: Nur in Frankfurt/M entsteht eine kleine Gruppe.

Die Bevölkerung ging davon aus, dass Militär Sicherheit schafft und deswegen Alternativen keine Rolle spielen. So kam die Friedens-Bewegung in Deutschland erst gegen Ende der Bismarck-Ära an die Öffentlichkeit.[58] Als weitere Faktoren werden beschrieben:

– Die Hegelsche Staatsphilosophie und sozial-darwinistische Vorstellungen ließen pazifistischen Gedanken keinen Raum: Das Recht des Stärkeren ist der bestimmende Faktor im Zusammenleben der Völker, nicht die Forderung nach der Stärke des Rechts.[59]
– Nationalistische Verbände waren an Einfluss, Finanzen und Verbindungen überlegen, Schulen und Universitäten hielten Distanz zur Friedens-Bewegung.
– Die Kirchen, vor allem die evangelische Staatskirche, galten als zuverlässige Stützen von Nationalismus und Thron, Wirtschaft und Militär.[60] Viele Mitglieder der Friedenskirchen hatten Deutschland bereits im 19. Jahrhundert verlassen.[61]

---

[58] Patrick JOST, Gegen den Strom – den Abgrund vor Augen. Die Marginalität der deutschen Friedensbewegung vor dem Ersten Weltkrieg, Bremen 2009, S. 6.

[59] Karlheinz LIPP u. a. (Hg.), Frieden und Friedensbewegung in Deutschland 1892 – 1992, Essen 2010, S. 20 und 24f.

[60] Wilfried EISENBEIß, Die bürgerliche Friedensbewegung in Deutschland während des Ersten Weltkrieges, Frankfurt/M 1980, S. 36.

[61] Die Rolle der Zeugen Jehovas wird in diesem Rahmen nicht näher untersucht.

5.
Das Aufblühen der Friedens-Bewegung
im deutschsprachigen Raum

Auf drei Strömungen gehe ich hier ein[62], die alle am Ende der Bismarck-Ära öffentlich wirksam werden: auf die bürgerliche Friedens-Bewegung, die sozialistische[63] und die anarchistische.[64] In allen drei Richtungen sind für die Zeit auffällig viele Frauen engagiert gewesen.[65] In allen Richtungen sind Frauen und Männer mit christlicher Motivation tätig geworden, teilweise auch in eigenen Verbänden. Alle drei Strömungen sind mit kleinen Variationen ebenfalls in der Schweiz und in Österreich tätig geworden.[66]

---

[62] Das grundlegendste Werk: Helmut DONAT / Karl HOLL, Die Friedensbewegung: Organisierter Pazifismus in Deutschland, Österreich und der Schweiz. Hermes Handlexikon, Düsseldorf 1983.

[63] Hier ist sie als Dach für sozialdemokratische, kommunistische und andere Strömungen gemeint.

[64] Unberücksichtigt bleiben die Freidenker-Bewegung und die Zeugen Jehovas.

[65] Neben den im Text genannten sei hier auch hingewiesen auf die Frauenrechtlerin Anita Augspurg und die Chemikerin Clara Immerwahr, die Frau von Fritz Haber, dem Entwickler des Giftgases und Betreiber wirtschaftlicher Zusammenarbeit für Kriegszwecke. (Zeit Spezial 8/2014, S. 11f und 21f.)

[66] Eine Strömung vertrat einen philanthropischen und humanitären Pazifismus und ging aus der 1830 gegründeten *Société de la Paix de Genève* hervor. Sie stellte Frieden, die Erziehung zum Staatsbürger und die Grundrechte in einen engen Zusammenhang, sprach sich jedoch nicht gegen die Landesverteidigung aus. – Weiter zu dieser ersten Strömung: Die Liga für Frieden und Freiheit, entwickelte sich aus dem Kongress von Genf 1867. Sie versuchte, Pazifismus an rechtliche und politische Fragen zu knüpfen. In der Demokratie sah sie die Garantin für Frieden Gerechtigkeit und Freiheit. Ihr gehörten vor allem Professoren, Anwälte, Journalisten und Freimaurer an. – Zur zweiten Strömung religiös-sozialer Prägung gehörten vor allem Pfarrer und Lehrer, Leonhard Ragaz u. a. – Zur anarchistischen Strömung fehlen leider Namen. (*Gemeinsam für Gewaltfreiheit und Versöhnung*, Heft zu 100 Jahre Gewaltfreiheit, hrsg. vom FOR Schweiz, 2014, S. 14). – In der Schweiz wurde die pazifistische Bewegung als Schwächung der Landesverteidigung angesehen. Der französische Schriftsteller Romain Rolland kam 1914 in die Schweiz, weil er hier unzensiert publizieren konnte. Im eigenen Land waren seine pazifistischen Gedanken unerwünscht. 1931 empfing er am Genfer

Künstler verschiedenster Prägungen und Kunstrichtungen engagierten sich gegen Krieg und für Frieden. Sie einzuordnen in eine
der drei hier verwendeten Kategorien, erscheint nicht sinnvoll, weil
sie oft mehrere Elemente miteinander verknüpfen. Auffällig ist jedoch, dass viele, die anfangs in die Euphorie für den Krieg ein-
stimmten, sich nach 1915/16 zunehmend gegen den Krieg ausspra-
chen und pazifistische Positionen bezogen.[67]

Zur bürgerlichen Friedens-Bewegung

In einem Bürgertum, für das Militär und Krieg zur Tradition und
zur erlösenden Gewalt gehörten, entstand eine bürgerliche Friedens-Bewegung von beachtlichem Ausmaß.[68] Sie lebte nicht so sehr

---

See Mahatma Gandhi. – Eine von Protestantismus, den Quäkern und von IFOR
inspirierte Bewegung wurde von weiteren bekannten Schweizern getragen und
gewann an Bedeutung. Max Dätwyler (1886-1976) verweigerte 1914 den Militärdienst. 1915 wurde in Genf die Schweizer Sektion der Internationalen Frauenliga
für Frieden und Freiheit gegründet, die sich für Abrüstung, Gewaltlosigkeit und
das Recht auf Wehrdienstverweigerung einsetzte. Ebenfalls 1915 nah ein Frauen-
weltbund zur Förderung der internationalen Eintracht von Genf aus seine Arbeit
auf. (Ebd., S. 17.)

[67] Z. B. wurden durch den Ersten Weltkrieg pazifistisch geprägt: Ernst Toller,
Kurt Tucholsky, Carl von Ossietzky, Erich Mühsam, Karl Kraus, Erich Kästner,
Käthe Kollwitz, Otto Dix, Ernst Barlach, Ernst Friedrich u. v. a. – Hermann Hesse
schreibt in einem Brief vom 3. Januar 1917: *„Man lacht über die Militärdienstverwei-
gerer! Nach meiner Meinung sind sie das allerwertvollste Symptom der Zeit. Es ist schon
so weit, daß eine ernsthafte Action im Gange ist, man solle denen, die aus sittlichen Gründen den Dienst verweigern, Gelegenheit schaffen, ihren Dienst in ziviler Arbeit abzulö-
sen. – Vielleicht wird das nicht durchgehen, heut noch nicht, aber kommen wird es absolut
sicher, und vielleicht kommt dann auch eine Zeit, wo auf drei Soldaten zehn Zivildienst-
tuende kommen werden, wo man ganz natürlich das Kriegshandwerk, so weit es noch
existiert, den geborenen Raufbolden … überläßt. Aber alles das wäre nie gekommen,
wenn nicht zuerst eine Anzahl Menschen den Mut gehabt hätte, einem starken Gefühl
zulieb gegen die Allgemeinheit zu protestieren und den Dienst zu verweigern."* (Unbe-
kannte Herkunft)

[68] Zu nennen auch: Albert Schweitzer (1875-1965), Albert Einstein (1879-1955) sowie Künstler wie Armin Theophil Wegner (1886-1978; pazifistischer Schriftsteller), Karl Kraus (1874-1936; österreichischer Satiriker. Sein Drama „Die letzten
Tage der Menschheit" nimmt den ersten Weltkrieg anders auf, als es Kriegsbe-
geisterte und Pflichtbeamte gern wollten. Auch in seinen Satiren und Polemiken
„Weltgericht" zielt er gegen den Krieg).

durch die Masse ihrer Mitglieder, sondern eher durch die Prägung und den Einfluss bedeutender Persönlichkeiten. 1889 wirkte Bertha von Suttners[69] Buch „Die Waffen nieder!"[70] wie ein zündender Funke: 1891 wird die Friedensgesellschaft in Österreich[71] und 1892 in Deutschland gegründet, die vor allem das Klein- und Mittelbürgertum erreicht. 1912 warnte Bertha von Suttner dringlich vor der Aufrüstung und der Gefahr eines internationalen Vernichtungskrieges: *„Der nächste Krieg wird von einer Furchtbarkeit sein wie noch keiner seiner Vorgänger."*[72] Bertha von Suttner ging der Frage nach, wie

---

[69] *Bertha von Suttner* (*1843 - † 21.6.1914), österreichische Friedensforscherin und Schriftstellerin. Stammt aus Haus eines adligen Generals. Die kurze Zusammenarbeit mit Alfred Nobel reichte aus, um die Idee eine Friedensnobelpreises anzuregen und ab 1901 umzusetzen. – 1889 Roman „Die Waffen nieder!", 1891 Gründung der Österreichischen Friedensgesellschaft, Vizepräsidentin des Internationalen Friedensbüros, 1892 Gründung der Deutschen Friedensgesellschaft. Reisen, Reden, Artikel, Kongresse, unermüdliche Friedensarbeit. 1905 Friedensnobelpreis. Zusammenarbeit mit Alfred Hermann Fried (1864-1921), österreichischer Pazifist, Gründer der Zeitschriften „Die Waffen nieder!" und „Friedens-Warte", die er gemeinsam mit Bertha von Suttner gestaltete. Außerdem engagierte er sich in Esperanto, um mit dieser internationalen Sprache zu einer besseren Verständigung der Völker beizutragen.

[70] Bertha von Suttner beschreibt hier den Krieg aus der Sicht einer Hausfrau, emotional und engagiert, spricht damit vielen ZeitgenossInnen aus dem Herzen. Wie Dunant und Tolstoi hatte Bertha von Suttner das Erschrecken über die Grausamkeit des Krieges umgetrieben. Außerdem hat Bertha von Suttner als Frau wohl wesentlich mit dazu beigetragen, dass Frauen in der Friedens-Bewegung dieser Zeit ungewöhnlich aktiv geworden sind.

[71] 1891 wird außerdem das Internationale Friedensbüro (IFB) gegründet, um die internationalen Friedenskongresse vorzubereiten und Friedensarbeit zu koordinieren.

[72] Bertha von Suttner, Wikipedia: gelesen am 6.2.2014. – Jan Bloch, polnisch-russischer Pionier der Friedensforschung (1836-1902), hat 1898 in einer sechsbändigen Studie über den Krieg der Zukunft (Der Krieg. Übersetzung des russischen Werkes des Autors: Der zukünftige Krieg in seiner technischen, volkswirtschaftlichen und politischen Bedeutung, Berlin 1899) behauptet, *„dass dieser Krieg wie kein anderer sein werde. Er hatte Argumente dargelegt, warum so ein Krieg ‚unmöglich' geworden war – ‚unmöglich' außer um den Preis eines Selbstmords. Das ist genau das, als was sich später der Krieg erwies: ein Suizid der europäischen Zivilisation … Mit dem Krieg endete auch die Welt, wie sie die Menschen kannten. Gut zusammengefasst ist dieser Gedanke auch im Titel ‚Die Welt von gestern: Erinnerungen eines Europäers' (Stockholm 1944) den ergreifenden Memoiren eines Menschen, der ‚über dem Kampf stand' – der österreichische Schriftsteller Stefan Zweig."* (Peter VAN DEN DUNGEN,

internationale Konflikte ohne Gewalt gelöst werden könnten. Ihre Ideen: durch Schiedsgerichtsverträge, durch eine Friedensunion aller Staaten und einen internationalen Gerichtshof. Wenige Tage vor Beginn des Ersten Weltkrieges starb sie, wohl den kommende Abgrund ahnend.

Zu ihren Nachfolgern gehörte u. a. Otto Umfrid (1857-1920)[73]. Er war evangelischer Pfarrer und gründete 1899 in Württemberg einen Landesverein der Deutschen Friedensgesellschaft (DFG). Später wurde er selbst Vorsitzender der DFG und deren inhaltlich prägender Kopf.[74] Die DFG wollte die KriegsgegnerInnen im gesamten Deutschen Kaiserreich vereinigen und wurde das Rückgrat der bürgerlichen Friedensbewegungen.[75] Die zunehmenden Kriegsvorbereitungen brachten der DFG neuen Zulauf aus der Bevölkerung: 1914 gab es 10.000 Mitglieder in 100 Ortsgruppen.[76] Die DFG wandte sich in dieser Zeit vor allem gegen Militarismus (besonders Flottenpolitik), Imperialismus (auch die Unterdrückung nationaler Minderheiten) und eine chauvinistische Erziehung der Jugend.[77]

Krieg und Frieden 1914 – 2014, Vortrag zur 11. Strategiekonferenz der Kooperation für den Frieden im Februar 2014, Manuskript S. 7.)

[73] *Otto Umfrid* (1857-1920), Ev. Theologe und Pazifist, Stadtpfarrer in Stuttgart. 1894 Beitritt zur DFG, 1899 Landesverein Württemberg mit fast 20 Ortsgruppen aufgebaut. 1900 Vorsitzender der DFG besonders um Kontakte zu Frankreich und Russland bemüht. 1913 wegen Erblindung in den Ruhestand. Aufdecken der deutschen Kriegspropaganda im Ersten Weltkrieg. Idee: Europäischer Staatenbund zur Konzentration der Kräfte (auch gegenüber Nordamerika). Gegen Verbreitung von Rassentheorien.

[74] Michael SCHMID, Otto Umfrid – Urvater der Friedensarbeit in: Materialheft für die Ökumenische FriedensDekade 2008; weiterhin: ‚Otto Umfrid‘, Wikipedia, gelesen 6.2.2014; Christof MAUCH/Tobias BRENNER, Für eine bessere Welt ohne Krieg. Otto Umfrid und die Anfänge der Friedensbewegung (1987, 2003). – Hermann Umfrid (1892-1934), der Sohn von Otto Umfrid und seiner Frau, bekam wegen des Engagements seines Vaters neun Jahre keine Pfarrstelle übertragen, engagierte sich 1934 gegen den Nationalsozialismus und nahm sich nach einem langen solidarischen Weg mit jüdischen Mitmenschen, nach einer Rüge des Oberkirchenrates und heftigem Druck durch die NSDAP, das Leben.

[75] Anfangs jedoch litt ihre Wirksamkeit unter dem Streit, ob die DFG vor allem Einfluss auf den Reichstag nehmen sollte oder ob vor allem die öffentliche Meinung gewonnen werden sollte.

[76] Zur Hamburger Ortsgruppe gehörte auch der Pazifist Carl von Ossietzky (1889-1938), der Herausgeber der „Weltbühne".

[77] Karl HOLL, Pazifismus in Deutschland, Frankfurt/M 1988, S. 50ff – Wikipedia

Weltbund und Versöhnungsbund haben von der Beteiligung ihrer Mitglieder her eine Nähe zur bürgerlichen Friedensbewegung, unterscheiden sich jedoch in Zielen und Wegen teilweise von ihr.

Innerhalb der DFG haben weiterhin die evangelischen „Friedenspfarrer"[78] eine eigenständige Friedensarbeit entwickelt. Der bereits oben erwähnte Ernst Böhme gehörte zu ihnen. In Berlin engagierten sie sich besonders stark gegen die Ausbreitung des militaristischen deutschen Wehrvereins[79]: Hans Francke, Walther Nithack-Stahn, August Bleier, Karl Aner u. a. Sie versuchten, öffentliche Plattformen für ihren christliche Friedensgesinnung zu gewinnen, sei es beim 5. Weltkongress für Freies Christentum oder beim V. Deutschen Friedenskongress, beide in Berlin, weiter über Presse, Literatur, Theater, in Berliner Kreissynoden und durch die Forderung nach einem jährlichen Friedenssonntag.[80] 1913 veröffentlichten sie einen Aufruf „An die Geistlichen und theologischen Hochschul-

---

zu DFG-VK gelesen am 6.2.2014. – Wie weit weg damals der Gedanke an Kriegsdienstverweigerung war, zeigt das folgende Zitat aus einem Flugblatt der DFG, in dem Otto Umfrid und Ludwig Quidde, beide Vorsitzende der DFG, erklärten: *„,Über die Pflichten, die uns Friedensfreunde jetzt während des Krieges erwachsen, kann kein Zweifel bestehen. Wir deutschen Friedensfreunde haben stets das Recht und die Pflicht der nationalen Verteidigung anerkannt. Wir haben versucht zu tun, was in unseren schwachen Kräften war, gemeinsam mit unseren ausländischen Freunden, um den Ausbruch des Krieges zu verhindern. Jetzt, da die Frage, ob Krieg oder Frieden unserem Willen entrückt ist und unser Volk von Ost, Nord und West bedroht, sich in einem schicksalsschweren Kampf befindet, hat jeder deutsche Friedensfreund seine Pflichten gegenüber dem Vaterlande genau wie jeder andere Deutsche zu erfüllen.'"* (Ullrich HAHN, Friedensakteure in Deutschland vor Beginn des 1. Weltkrieges, Vortrag in: Versöhnung, Rundbrief des Versöhnungsbundes e.V. 4/2013, S. 4.)

[78] *„Friedenspfarrer bezeichnet Geistliche, die sich der Friedensbotschaft des Evangeliums verpflichtet fühlen."* (Wikipedia, gelesen am 4.9.2014). Die DFG existiert heute als DFG/VK (VK= Vereinigte KriegsgegnerInnen).

[79] 1912 besaß er 40.000 Einzelmitglieder und 100.000 korporativ angeschlossene Mitglieder, deren Zahl während des 1. Weltkrieges noch zunahm. Dieser Verein war neben dem Flottenverein und vielen kleineren Vereinen ein Vorbereitungsinstrument für den Krieg.

[80] Die Idee des Friedenssonntags wurde im Juli 1914 auch von 19 Mitgliedern der Badischen Landessynode eingebracht – ohne dass diese von der bevorstehenden Konferenz in Konstanz wusste –, stieß jedoch auf heftigen Protest, weil dadurch die Politik ja auf die Kanzel gebracht würde. (*Krieg! In Gottes Namen?* 1914 – 1918: Zeugnisse aus der Evangelischen Kirche in Karlsruhe und Baden. Evangelische Landeskirche in Baden, Karlsruhe 2014.)

lehrer der evangelischen deutschen Landeskirchen", der von fünf Friedenspfarrern und einem Hochschullehrer unterschrieben worden war. 395 Geistliche schlossen sich dem Aufruf gegen die wachsende Aufrüstung an (darunter 108 aus Elsass-Lothringen). Von den 18.000 Pfarrern in Preußen hatten nur wenige unterzeichnet, wie auch die Ortsgruppen der DFG östlich der Elbe kaum ins Gewicht fielen.[81] Die vielfältigen Warnungen vor dem Krieg verhallten, die Wirksamkeit der „Friedenspfarrer" während des Krieges war aufgrund von Maßnahmen der Behörden nur eingeschränkt möglich. 1917 veröffentlichen fünf „Friedenspfarrer" anlässlich des Reformationsjubiläums einen Aufruf, in dem sie zum Kampf gegen die unheilvolle Herrschaft von Lüge und Phrase aufrufen, durch die die Wahrheit verschwiegen oder entstellt und Wahn verbreitet wird. Ihr Streben: „… *daß der Krieg als Mittel der Auseinandersetzung unter den Völkern aus der Welt verschwindet.*"[82]

Die „Friedenspfarrer" haben deutlich gemacht, wie lebensnotwendig Alternativen sind und dass es sie gibt, doch ihre Stimmen stießen in der Kirche und erst recht darüber hinaus weithin auf Widerstand oder verhallten oft ungehört.

Zur sozialistischen Friedensbewegung

Zu ihr gehören so bekannte Namen wie Rosa Luxemburg, Karl Liebknecht und Clara Zetkin, die auch ihre eigene Partei, die SPD[83], am heftigsten kritisierten, daneben Kurt Tucholsky[84] sowie weniger bekannte Persönlichkeiten wie Hans Paasche.[85] Auf der Grundlage der

---

[81] Karlheinz LIPP, Berliner Friedenspfarrer und der Erste Weltkrieg. Freiburg 2013.

[82] Ebd., S. 188. In kurzer Zeit kam eine Gegenerklärung von 106 Pfarrern zustande die mit der o.g. Erklärung in der Presse veröffentlicht wurde.

[83] Aufgrund der Auseinandersetzungen kam es zur Gründung einer USPD und zu einer spannungsvollen Zusammenarbeit mit dem radikaleren Spartacusbund.

[84] *Kurt Tucholsky* (1890-1935), von dem 1931 der aufsehenerregende Ausspruch stammt: „Soldaten sind Mörder". – Weitere kritische Mitglieder der SPD wurden 1917 wegen ihres Antikriegskurses ausgeschlossen: Karl Kautsky, Eduard Bernstein, Rudolf Breitscheid u. a.

[85] *Hans Paasche* (1881-1920), zunächst Marineoffizier, dann engagiert bei der bürgerlichen Lebensreformbewegung, 1918 bei den Arbeiter- und Soldatenräten, der KPD nahe stehend, 1920 erschossen von Soldaten (vermutlich Reichswehr).

marxistischen Analyse des Kapitalismus und des marxistischen Geschichtsverständnisses sahen die VertreterInnen der sozialistischen Friedensbewegung die Ursachen für den Krieg in der kapitalistischen Profitgier – und in der Arbeiterklasse die wirksame Kraft, die Verhältnisse an Eigentum und Kräften grundlegend zu verändern. *„Der Weltfriede könne, so Rosa Luxemburg, nicht durch bürgerliche Diplomaten in Form eines internationalen Schiedsgerichts oder Abrüstungskonferenzen erreicht werden, sondern primär durch den Willen des internationalen Proletariats.“*[86] Anders als ihre Partei rief Rosa Luxemburg 1913 (!) zur Kriegsdienstverweigerung auf, zur Befehlsverweigerung und zum Widerstand gegen den Krieg, weshalb sie dann von 1914 – 1918 in Haft bleiben musste. Hatte die SPD vor dem Krieg noch zu großen Demonstrationen aufgerufen, die auch Zulauf fanden, so gab sie doch ihren Plan auf, den Kriegsbeginn durch einen Generalstreik zu vereiteln. Konferenzen und Aufrufe orientierten und motivierten die Mitglieder immer wieder neu, aktiv gegen den Krieg zu bleiben.[87] Doch im Dezember 1914 bewilligten die SPD-Parlamentarier die erforderlichen Kriegskredite – mit Ausnahme von Karl Liebknecht. Erst mit zunehmender Kriegsnot ist in Deutschland die Bereitschaft zu neuen Streiks gewachsen – auf der Straße gegen Hunger, in der Rüstungsindustrie für ein Ende des Krieges, im ausgeweiteten Januarstreik 1918 für eine grundlegende Änderung der gesellschaftlichen Verhältnisse und im November 1918 als Weigerung der Matrosen, erneut zum Krieg auszufahren. Novem-

---

[86] Karlheinz LIPP, Pazifismus im Ersten Weltkrieg. Ein Lesebuch, Herbolzheim 2004, S. 113. Trotz dieser Abgrenzung von der bürgerlichen Friedensbewegung wurde 1914 der Bund Neues Vaterland gegründet, in dem SPD-Mitglieder und DFG-Mitglieder, auch Albert Einstein, gemeinsam für einen friedlichen internationalen Wettbewerb und für Völkerverständigung eintraten, für überstaatliche Zusammenschlüsse und parlamentarische Kontrollen, für soziale Reformen und allgemeine Bildung.

[87] *„Der prominente Reichstagsabgeordnete und Theoretiker des Revisionismus, Eduard Bernstein, der zum rechten Flügel der SPD zählte, stimmte am 4. August 1914 im Glauben an die Rechtmäßigkeit der deutschen Sache im Reichstag für die Kriegskredite. Aber bereits im Oktober 1914, nach dem Studium veröffentlichter Dokumente zum Kriegsbeginn, erkannte er: ,Die deutsche Regierung ist der Hauptschuldige am Kriege; wir sind eingeseift worden; die Bewilligung der Kriegskredite war ein Fehler.'“* (Wolfram WETTE, Deutsche Kriegslügen in der Julikrise 1914, in: Projekt Münchhausen, Internet, gelesen am 3.12.2014.)

berrevolution. Zahlenmäßig und kräftemäßig war die sozialistische Friedensbewegung in Deutschland die stärkste.

Die religiös-soziale Bewegung ist die christliche Variante der sozialistischen Friedensbewegung. Christoph Blumhardt[88] gilt als Begründer der religiös-sozialen Bewegung in der Schweiz und in Deutschland. Neben der historisch-kritischen Bibelinterpretation kam auch die sozialkritische auf, verbunden mit einer neuen urchristlich orientierten Nachfolgeethik und dem Gedanken der Gütergemeinschaft. Evangelium und gerechte Gesellschaftsordnung, Bergpredigt und marxistische Kapitalismusanalyse, die Arbeiterschaft als Kraft für gesellschaftliche Veränderungen … das sind wesentliche Kennzeichen dieser Strömung. Die Schweizer Theologen Hermann Kutter (1863-1931) und Leonhard Ragaz(1868-1945), Oskar Pfister (1873-1956) und zeitweise auch Karl Barth (1886-1968) führen diese Gedanken weiter. Für Ragaz entstehen aus dem sozialistischen Gedanken und der Gütergemeinschaft die Gemeinschaftspflicht in allen Lebensbereichen und ein klarer Pazifismus. 1906 wird die Monatsschrift „Neue Wege", gegründet von Rudolf Liechtenhan, Benedikt Hartmann, Leonhard Ragaz, ins Leben gerufen und nimmt Partei für Arbeiterbewegung und gegen Militarismus. 1911 gründen sie den „Verein der Freund der religiös-sozialen Kon-

---

[88] Christoph BLUMHARDT (1842-1919) in seiner Weihnachtspredigt 1896: „,Die Liebe Gottes zerschmelzt alles Schlechte, alles Gemeine, alles Verzweifelte; die Liebe Gottes zwingt auch den Tod. Aber es muß eine Gottesliebe sein; eine Liebe, die auch die Feinde liebt; eine Liebe, die unentwegt durch alles hindurchschreitet wie ein Held und sich nicht beleidigen, nicht verachten, nicht wegwerfen läßt; eine Liebe, die mit dem Helm der Hoffnung auf dem Haupt durch die Welt schreitet. Wir haben es bis jetzt nicht genug gewagt, zu sagen: Jesus ist geboren, und darum sind alle Kreaturen geliebt. … Jesus will als die grenzenlose Liebe Gottes verstanden werden. In dieser Liebe will er die Flamme sein, an der wir uns rein brennen. Es ist nur die Liebe, nur das Erbarmen Gottes, das uns in sein Gericht nimmt, damit wir frei werden von allem, was uns jetzt zu Sklaven und unglücklichen Menschen macht, die heute leben und morgen im Dunkel des Todes verschwinden.' Aus diesem Impuls heraus nahm Blumhardt junior nun immer stärker Anteil an den akuten Alltagsproblemen der Arbeiter und der ‚sozialen Frage'. 1899 bekannte er sich auf einer Arbeiterversammlung in Göppingen als Jünger Jesu zum ‚Sozialismus'. Nachdem eine Zeitung fälschlicherweise berichtete, er sei der SPD beigetreten, wurde er in Kirchenkreisen heftig angefeindet. Daraufhin trat er tatsächlich der SPD bei und gab auf Druck der Kirchenbehörde sein Pfarramt auf. Im Dezember 1900 wurde er für den Wahlkreis Göppingen in den württembergischen Landtag gewählt, in dem er sechs Jahre wirkte." (Wikipedia, gelesen am 2.7.2014.)

ferenz" mit pazifistischer Ausrichtung. Karl Barth bricht 1914 mit den theologischen Lehrern, die im August 1914 den Kriegseintritt rechtfertigen.[89] Barth sieht 1915 die sozialistische Bewegung in der Nähe zum Reich-Gottes-Gedanken.[90] Während sozialistische Gruppen und Parteien die Kraft der Arbeiterbewegung gegen den Kapitalismus und dessen Auswuchs, den Militarismus, in Bewegung setzten und bürgerliche Friedens-Bewegungen mit Appellen und Vorschlägen an die Staatsregierungen herantreten, gelingt es immer wieder, sozialistische und bürgerliche Friedensbewegte zu gemeinsamen Aktionen gegen Aufrüstung, Wehrpflicht und Krieg zusammen zu mobilisieren und einen gemeinsamen Antikriegstag zu begehen.[91] 1919/20 gibt es religiös-soziale Gruppen in verschiedenen Städten, z. B. den Bund sozialistischer Kirchenfreunde, zu dem auch Günther Dehn (1882-1970) einige Zeit gehörte,[92] Georg Wünsch (1880-1964), Emil Fuchs[93] (1874-1971) und andere.

Im Jahr 1933 haben die religiösen Sozialisten dann über 20.000 Mitglieder in Deutschland, darunter auch Menschen in kleineren akademischen Gruppen, zu denen u. a. Paul Tillich (1886-1965)[94] gehört.

---

[89] Indem sie u. a. den „Aufruf der 93" unterzeichnen oder unterstützen.

[90] 1919 in seinem Römerbriefkommentar geht er dann ganz andere Wege weiter und äußert sich viel später kritisch gegenüber einem „Bindestrich-Christentum", mit dem er möglicherweise auch die religiös-soziale Bewegung, mehr noch die christlich-demokratische Partei meint.

[91] Zu den Religiösen Sozialisten gehören u. a. auch Friedrich Siegmund-Schultze, der die soziale Friedensarbeit im Lande mit der internationalen verband, der Berliner „Friedenspfarrer" August Bleier, der Praktische Theologe Günther Dehn.

[92] Günther Dehn war Pfarrer und praktischer Theologe, arbeitete in seiner Berliner Arbeitergemeinde engagiert an den sozialen Fragen mit und betreute 1918 deutsche Kriegsgefangene in den Niederlanden. Er trat der SPD bei und übernahm die Leitung einer Berliner Neuwerk-Gruppe, einer Genossenschaftsbewegung, „die die Gebote Jesu und die Gütergemeinschaft der Jerusalemer Urgemeinde in ihrem Zusammenleben umzusetzen versuchte." (Wikipedia zu Günther Dehn, gelesen am 17. März 2014.)

[93] Vgl. seine autobiographischen Erinnerungen: Emil FUCHS, Mein Leben. Erster Teil. Leipzig 1957. / Zweiter Teil. Leipzig 1959. – Digitale Neuauflage 2017 (zwei Bände) unter: http://www.max-stirner-archiv-leipzig.de/philosophie.html#emil-Fuchs

[94] *Paul Tillich* war im 1. Weltkrieg als Militärpfarrer tätig. Nach mehreren Zusammenbrüchen, deren theologisches „Ergebnis" wohl seine Schrift „Der Mut zum Sein" ist, schließt er sich den religiösen Sozialisten an und lehnt den Krieg konsequent ab.

Mit der Einführung der allgemeinen Wehrpflicht in der ersten Hälfte des 19. Jahrhunderts verließen viele friedenskirchlich orientierte Frauen und Männer mit ihren Familien Deutschland. Die Zurückgebliebenen passten sich den politischen Verhältnissen mehr oder weniger an.

Von Leo Tolstois radikalem Pazifismus inspiriert gab es in Deutschland eine ganz kleine Zahl Kriegsdienstverweigerer[95], in Rußland waren mindestens 1000 registriert[96]. Doch die *„religiösen,*

---

[95] Karlheinz LIPP (Ders./Reinhold Lüttgemeier-Davin/Holger Nehring [Hg.], Frieden und Friedensbewegung in Deutschland 1892 – 1992. Ein Lesebuch, Essen 2010) überliefert von einem der wenigen Kriegsdienstverweigerer in Deutschland, Erwin Cuntz, im April 1915 einen Aufruf gegen seine Einberufung: *„…. Und dann denkt, daß ihr bereit seid, das gleiche unsägliche Leid, das ich jetzt (durch den Tod meiner Frau) durchmache, absichtlich Euren Menschenbrüdern und Schwestern zuzufügen, daß Ihr es ihnen tausendfach schon zugefügt habt. – Das ist der Krieg, sagt Ihr, es ist furchtbar; aber da kann man ja nichts tun. – Sag´ das nicht, Du! … es gibt ein Mittel gegen den Krieg. Für Dich gibt es eines, für Euch alle gibt es eins. – Brüder, kommt doch endlich zur Besinnung, wacht doch auf aus Eurem blutigen Rausch, werdet Euch doch bewußt, was da Furchtbares vorgeht … – Da mach ich nicht mit! – Zum Mordbuben laß ich mich nicht erniedrigen. – Und wenn sie Euch betören wollen mit ihren hohlen Phrasen vom Vaterlandverteidigen, verteidigt Ihr mit mir das heilge Land der Menschheit, der Menschlichkeit, daß sein Reich komme bis auf diese Erde, das heilige Land der Gotteskindschaft. Und wenn sie Euch feige nennen, so zeigt, daß man auch dafür sterben kann, nicht für die deutsche, nicht für die französische oder sonst eine Kultur, sondern ganz schlicht für ein bisschen Menschlichkeit. – Ich aber will Euch darin vorangehen, ich der Antikrat als Jünger Tolstois, ich der Freidenker, vielleicht auch als Jünger Jesu Christi. Euch Scheinchristen aber, die Ihr noch an einen rächenden, richtenden Gott glaubt, Euch ruf ich´s noch besonders zu: wenn Ihr wollt, daß Gott mit Euch Erbarmen habe, dann, Ihr Menschen, habt erst Erbarmen mit Euch selber!"* (S. 112f) – Mit Gewalt wurde Cuntz in eine Nervenklinik gebracht. 1916 erneuerte er seinen Protest: *„‚Bonn, den 14. Juli 1916. Anbei sende ich meinen Militärpaß zurück, indem ich jede Beteiligung am Weltkriege für meine Person ablehne. Ich weise darauf hin, daß diese Stellungnahme mir nicht erst jetzt kommt, sondern daß ich schon als junger Mensch zu Tolstoi gepilgert bin, um in meinen Gewissenskonflikten von ihm Rat zu holen …' Er wies ferner darauf hin, daß er nicht absoluter Kriegsgegner sei, sondern u.U. die Berechtigung eines wirklichen Verteidigungskrieges anerkenne, daß der gegenwärtige Krieg ein solcher nicht sei …"* (S. 113). – Wiederum kam Cuntz in eine psychiatrische Klinik, wurde jedoch nach 14 Tagen entlassen mit der Diagnose: „Tolstoianer".

[96] Möglicherweise gab es mehr, u. a. auch als russische Militärflüchtlinge, die in die Schweiz flohen. (Thomas BÜRGISSER, Russische Militärflüchtlinge in der

auf die Bergpredigt bezogenen Schriften [Tolstois] *und seine politischen Aufrufe und Stellungsnahmen"* beeinflussten auch andere nichtreligiöse und religiöse Anarchisten wie Gustav Landauer[97], Erich Mühsam[98] und Augustin Souchy[99].

LEO TOLSTOI (1828 – 1910)
1844 Studium,
1851 Offizier in der russischen Kaukasus-Armee,
ab 1854 Schriftsteller,
ab 1871 Aufgabe seiner Existenz als Gutsbesitzer,
Hilfe bei Hungersnot und bei der Verfolgung der Duchoborzen,
1901 exkommuniziert von der orthodoxen Kirche.
Schriften zur Bergpredigt [www.tolstoi-friedensbibliothek.de].

„Der Bergpredigt entnimmt Tolstoi 5 Gebote, darunter das Gebot, dem Unrecht nicht mit Gewalt zu widerstreben, sondern ihm nicht zu gehorchen. In der Konsequenz verwirft Tolstoi die Teilhabe an jeder Form der staatlichen Gewalt und befürwortet die Kriegsdienstverweigerung. In einer Flugschrift ‚Karthago delenda est' von 1898 schreibt er: ‚Das Mittel zur Abschaffung des Krieges besteht darin, dass die Menschen, die den Krieg nicht brauchen, die eine Teilnahme am Krieg als Sünde betrachten, nicht mehr in den Krieg ziehen.'
Allein die aufgeklärten Friedensfreunde denken nicht daran, dieses Mittel vorzuschlagen, ganz im Gegenteil, sie können es nicht ertragen, wenn es auch nur erwähnt wird, und so oft man davon spricht, tun sie, als hörten sie es nicht … Es heißt: Missverständnisse zwischen den Regierungen würden durch Gerichtshöfe oder ein Schiedsgericht bereinigt. Aber die Regierungen wollen ja gar keine Bereinigung der Missverständnisse: Im Gegenteil, die Regierungen erfinden Missverständnisse, wenn es keine gibt, denn nur Missverständnisse mit anderen Regierungen liefern ihnen einen Vorwand, die Armee zu unterhalten, auf der ihre Macht beruht …
Die Regierungen können und müssen die Kriegsdienstverweigerer fürchten und fürchten sie auch, denn jede Verweigerung erschüttert die

---

Schweiz im Ersten Weltkrieg, in: Religion und Gesellschaft 3/2014, S. 5ff.)
[97] *1870 – ermordet von Reichswehr-Soldaten 1919.
[98] *1878 – ermordet 1934 im KZ Oranienburg.
[99] 1892-1984 (während des 1. Weltkrieges aus Deutschland emigriert).

Wirksamkeit der Lüge, mit der die Regierungen die Bevölkerung täuschen, die Kriegsdienstverweigerer dagegen haben nicht den geringsten Grund, eine Regierung zu fürchten, die von ihnen Verbrechen fordert.'
Die Ursache der Gewalt sieht er – ähnlich wie Jahrhunderte vor ihm Franz von Assisi – im Eigentum. Tolstois angestrebtes Ideal ist ein einfaches, auf Landwirtschaft und Handwerk beruhendes Leben, welches im Verhältnis zu anderen Menschen ausschließlich auf Liebe und Vergebung setzt. So verwirft er nicht nur Militär, Polizei und Justiz, sondern auch die industrielle Massenproduktion.
Mit der sozialistischen Bewegung seiner Zeit, die er durchaus zur Kenntnis nimmt, verbinden ihn zwar einige Ziele, er lehnt aber jede gewaltsame Revolution und jeden Zwang und damit auch den politischen Weg der marxistischen Sozialisten ab. In ,Das Ende eines Zeitalters' (etwa 1905) schreibt er: ,Und der Umstand, dass die Mehrzahl der Revolutionäre als ihr Ideal die sozialistische Staatsordnung aufstellt, die nur durch die härteste Vergewaltigung erreicht werden kann, und die, wenn sie irgendwann wirklich erreicht würde, den Menschen das letzte Überbleibsel von Freiheit nehmen würde, dieser Umstand beweist nur das eine, dass diese Leute gar keine neuen Ideale haben. Das Ideal unserer Zeit kann nicht eine Änderung der Form der Gewalt sein, sondern nur eine völlige Ausschaltung der Gewalt, die dadurch zu erreichen ist, dass die Menschen der Macht nicht mehr gehorchen.'
In seinem letzten großen Roman ,Auferstehung' fasst er seine Justiz- und Staatskritik in literarischer Form zusammen. Die russische Zensur nimmt etwa 500 Streichungen vor. Das Buch wird aber wie seine anderen Schriften weltweit ein großer Erfolg. In Frankreich erfährt es schon im ersten Jahr des Erscheinens 15 Auflagen, in Deutschland 12. Mit dem Erlös aus diesem Buch finanziert Tolstoi die Auswanderung der russischen Duchoborzen, einer damals etwa 15 000 Menschen umfassenden Religionsgemeinschaft, die ein urchristliches Leben führen, auch Kriegsdienst und Eid ablehnen und deshalb vom Staat heftig verfolgt werden. Tolstoi bezahlt den Landkauf in Kanada und die Überfahrt dorthin, wo diese Gemeinschaften heute noch leben.
In den letzten zwei Jahrzehnten seines Lebens besitzt Tolstoi nicht nur einen gewaltigen Einfluss auf die geistige und politische Entwicklung Russlands, sondern wird sowohl mit seinem literarischen Werk als auch mit seinen religiösen und sozialkritischen Schriften durch eine Fülle von Übersetzungen in allen großen Sprachen wahrgenommen.

In Russland werden seine Anhänger verfolgt, während die Polizei nicht wagt, ihn auch nur anzufassen. Man sagt, es gebe in Russland zwei Zaren, einen in St. Petersburg und einen in Jasnaja Poljana, mit dem Unterschied, dass der in Peterburg dem anderen nichts tun könne, der in Jasnaja Poljana aber den Petersburger Zar stürzen werde.

Weltweit werden die Stellungnahmen Tolstois gegen Krieg und Todesstrafe, vor allem seine Proteste gegen den russisch/japanischen Krieg und gegen die Hinrichtung der Revolutionäre von 1905 in den Zeitungen außerhalb Russlands gedruckt. Kopotin schreibt am Ende des schon zitierten Vortrags:

,Aber absolut gewiss ist, dass kein Mann seit Rousseaus Zeiten das menschliche Gewissen so tief aufgerührt hat, als es Tolstoi mit seinen moralischen Schriften tat. Er hat furchtlos die moralischen Seiten all der brennenden Fragen des Tages aufgedeckt und in einer so eindrucksvollen Form, dass jeder, der etwas davon gelesen hat, diese Fragen nicht vergessen und beiseite schieben kann; man fühlt den Drang, auf die eine oder andere Art und Weise eine Lösung zu finden. Tolstois Einfluss ist daher nicht einer, der sich nach Jahren oder Jahrzehnten messen lässt; er wird länger andauern. Er ist auch nicht auf ein einziges Land beschränkt. In Millionen von Exemplaren werden seine Werke in allen Sprachen gelesen; sie wenden sich an die Männer und Frauen aller Klassen und aller Nationen und überall bringen sie die gleiche Wirkung hervor. Tolstoi ist heute der am meisten geliebte Mann – der in der rührendsten Weise geliebte Mann – in der Welt.'

In religiöser Hinsicht ist Tolstoi für den Schweizer Kirchengeschichtler Walter Nigg der Entdecker der Bergpredigt, d. h. der Entdecker eines neuen Verständnisses dieser Kapitel des Neuen Testamentes mit einer Verbindlichkeit sowohl für das persönliche als auch für das gesellschaftliche und politische Leben."[100]

„Tolstois Hoffnung geht in diese Richtung: ,Sie werden aufhören, im Krieg den Vaterlandsdienst, den Heldenmut, den Kriegsruhm, den Patriotismus zu sehen, und werden sehen, was da ist: die nackte frevelhafte Mordtat.' Jeder Mensch, der der Vernunft und seinem Gewissen folge, unterwerfe sich nicht jenen knechtisch, die das gegenseitige Töten

---

[100] *Krieg und Frieden – von Leo Tolstoi bis in unsere Zeit,* Vortrag von Ullrich HAHN, Präsident des Deutschen Zweiges des Internationalen Versöhnungsbundes, gehalten am 27.1.2014 vor der Psychologischen Gesellschaft in Basel. Manuskript.

anordnen. – In seiner Korrespondenz mit Gandhi hat Tolstoi – vor seinem Tod stehend – den Verzicht auf alle Gegenwehr durch Gewalt befürwortet (Widerstehe dem Bösen – nicht mit Gewalt!) … Heftig heißt es, auch in der christlichen Zivilisation habe es kein Gesetz gegeben außer dem Recht des Stärkeren, wenn das ‚Gesetz der Liebe‘ nicht gegolten habe. Eine Wahl sei zu treffen zwischen dem Recht des Stärkeren und einer christlichen Lebensgestaltung.“[101]

Zu den unbekannten Verweigerern gehört Georg Friedrich Nicolai (1874-1964), der noch während des Krieges eine 600seitige Anklage gegen den Krieg schrieb: *„Die Biologie des Krieges – Betrachtungen eines Naturforschers den Deutschen zur Besinnung“* (Zürich 1917). *„Der Franzose Romain Rolland schrieb hierzu in seinem Geleitwort: ‚Während die christlichen Kirchen und auch der Sozialismus, denen doch ihren Lehren und der Zahl der Anhänger gemäß eine ungeheure Macht zukam, ohne weiteres und ohne Spur von Widerstand gemeinsame Sache mit dem Krieg gemacht haben, strafte ein vereinzelter Denker, trotz Verurteilung und Gefangenschaft, das Schauspiel der entfesselten Unvernunft und Gewalttätigkeit mit überlegenem Spott. Seine starke Zuversicht blieb unerschüttert …‘“*[102]

---

[101] Arnold KÖPCKE-DUTTLER, Pazifismus angesichts des Ersten Weltkrieges, Manuskript von 2014.
[102] Zit. Ullrich HAHN, Friedensakteure in Deutschland vor Beginn des 1. Weltkrieges, in: Versöhnung, Zeitschrift des Versöhnungsbundes e.V. 4/2013, S. 5.

6.
Anmerkungen zur sogenannten „Urkatastrophe des 20. Jahrhunderts"

Im Oktober 1913 wird in Leipzig das Völkerschlachtdenkmal eingeweiht – ein Mahnmal zum Frieden oder eine Drohgebärde Deutschlands gegen andere Völker? – Am offiziellen Kriegsbeginn stand die Erklärung Kaiser Wilhelms II. vom 31. Juli 1914,[103] die die Nation zu einen versucht und den ihr angeblich „aufgezwungenen" Krieg mit religiöser Verknüpfung überhöht. Am Anfang stand die Kriegslüge

---

[103] 31. Juli 1914: *„An mein Volk! Eine schwere Stunde ist heute über Deutschland hereingebrochen. Neider überall zwingen uns zu gerechter Verteidigung. Man drückt uns das Schwert in die Hand. Ich hoffe, daß, wenn es nicht in letzter Stunde meinen Bemühungen gelingt, die Gegner zum Einsehen zu bringen und den Frieden zu erhalten, wir das Schwert mit Gottes Hilfe so führen werden, daß wir es mit Ehren wieder in die Scheide stecken können. Enorme Opfer an Gut und Blut würde ein Krieg vom deutschen Volk erfordern. Den Gegnern aber würden wir zeigen, was es heißt, Deutschland anzugreifen. Und nun empfehle ich Euch Gott! Jetzt geht in die Kirche, kniet nieder vor Gott und bittet ihn um Hilfe für unser braves Heer! Wilhelm II. R."* – Dann am 6. August 1914: *„An das deutsche Volk! Seit der Reichsgründung ist es durch 43 Jahre Mein und Meiner Vorfahren heißes Bemühen gewesen, den Weltfrieden zu erhalten und im Frieden unsere kraftvolle Entwicklung zu fördern. Aber die Gegner neiden uns den Erfolg unserer Arbeit. – Alle offenkundige und heimliche Feindschaft von Ost und West und von jenseits der See haben wir bisher ertragen in dem Bewußtsein unserer Verantwortung und Kraft, nun aber will man uns demütigen. Man verlangt, daß wir mit verschränkten Armen zusehen, wie unsere Feinde sich zu tückischem Überfall rüsten, man will nicht dulden, daß wir in entschlossener Treue zu unserem Bundesgenossen stehen, der um sein Ansehen als Großmacht kämpft und mit dessen Erniedrigung auch unsere Macht und Ehre verloren ist. – So muß denn das Schwert entscheiden. Mitten im Frieden überfällt uns der Feind. Nun auf zu den Waffen! Jedes Schwanken, jedes Zögern wäre Verrat am Vaterland! – Um Sein oder Nichtsein unseres Reiches handelt es sich. Daß unsere Väter sich neu gründeten, um Sein oder Nichtsein deutscher Macht und deutschen Wesens. Wir werden uns wehren bis zum letzten Hauch von Mann und Roß. Und wir werden diesen Kampf bestehen, auch gegen eine Welt von Feinden. Noch nie ward Deutschland überwunden, wenn es einig war. – Vorwärts mit Gott, der mit uns sein wird, wie er mit den Vätern war! Berlin, den 6. August 1914. – Wilhelm."* (Welt – Krieg – Gedenken, Materialien für Gottesdienste und Gemeindearbeit, hrsg. v. Zentrum Ökumene der Evangelischen Kirche in Hessen und Nassau, Frankfurt/M. 2014.)

vom nationalen Verteidigungskrieg, der alternativlos sei, eine Kriegslüge, die vielen national gesinnten Kriegsgegnern die Gegenargumente nahm. „*Im Krieg stirbt die Wahrheit zuerst*", lautet ein bekanntes Wort. Die Kriegslügen und ihre Verbreitung durch die Medien spielen eine entscheidende Rolle für die Akzeptanz eines Krieges in der Bevölkerung.

Eine dieser Lügen ist der Stolz auf die Nation. BENEDICT ANDERSSON hat in einer Schrift „*Wie man Nationen macht*" herausgearbeitet, was man zu einer „Nation" braucht: Den Irrtum eines Gründungsmythos und einer konstruierten Geschichte, man braucht ein gemeinsames Feindbild, das ganz unterschiedliche Menschen und Gruppen zu einer gedachten Gemeinschaft zusammenschweißt, einer scheinbar geschlossenen Front. Um von den eigenen Problemen abzulenken, wird die äußere Bedrohung gebraucht (und vielleicht auch erst erzeugt). – Zu den Kriegserklärungen der verschiedenen Großmächte heißt es in einer Dissertation von ERNST-OTTO MEINHARD 2009: „*Die deutschen Erklärungen betonen, dass Deutschland nicht für den Ausbruch des Krieges verantwortlich ist. Da eine politische und militärische Einkreisung vorausgegangen ist, hat Deutschland für seine Sicherheit Vorkehrungen getroffen. Die deutsche Militärführung missachtet nicht das Völkerrecht. Der Kampf gegen den ‚preußischen Militarismus‘ muss als Kampf gegen die ‚deutsche Kultur‘ angesehen werden, weil das Heer im Leben des Volkes verwurzelt ist. Beobachtungen wie die Verlegung von Truppen an die Westgrenze Russlands, Geheimabsprachen zwischen der britischen und der russischen Regierung, der Beistandspakt zwischen Frankreich und Belgien werden in Deutschland als Kriegsvorbereitungen betrachtet. Der nun ausgebrochene Krieg hat die christliche Gemeinschaft zerstört. – Die englischen Gegenerklärungen legen auf drei Feststellungen ihr Gewicht. Erstens die englische Regierung hat sich bis zuletzt um die Erhaltung des Friedens bemüht. Aber die Verletzung der belgischen Neutralität kann sie nicht hinnehmen, weil seit 1839 und nochmals 1870 die Integrität Belgiens völkerrechtlich anerkannt worden ist. Zweitens scheinen Persönlichkeiten aus Wissenschaft und Kultur wie aus den Kirchen und die deutsche Bevölkerung insgesamt über die wahren Ziele ihrer Regierung nicht hinreichend informiert zu sein. Drittens liegt es nahe, zwischen der deutschen Bevöl-*

kerung und der Regierung der Hohenzollern mit ihrem preußischen Militarismus zu unterscheiden. Der deutschen Regierung ist vor allem vorzuwerfen, dass sie nicht auf Österreich eingewirkt hat, den Konflikt mit Serbien ohne militärische Intervention zu lösen. Der Krieg in Europa hindert die christlichen Völker, ihren Auftrag in der Welt zu erfüllen. – Die französischen Erklärungen stellen heraus, im Blick auf Deutschland ist die Widersprüchlichkeit zwischen kulturellen Leistungen und imperialen Zielen festzustellen. Es gibt Veröffentlichungen, aus denen eindeutig hervorgeht, dass der deutsche Machtbereich in Europa und außerhalb Europas ausgedehnt werden soll. Demgegenüber ist Frankreich nur um seine Sicherheit bemüht. Die Ermordung des österreichischen Thronfolgers ist gewiss verwerflich, aber kein Anlass, die europäische Katastrophe auszulösen. Auch unter Berücksichtigung der Propaganda ist glaubwürdig belegt, dass die Kriegführung des deutschen Militärs als inhuman bezeichnet werden muss. Schließlich ist einzugestehen, dass das Band zwischen Christen in Europa zerrissen ist. Der christliche Kaiser Deutschlands verbündet sich mit den Osmanen und gibt die christlichen Armenier preis. Die Deutschen nennen die Slawen Barbaren, wir Franzosen achten die slawische Pietät. Die deutsche Politik hat die ‚Lehre des Nazareners‘ beiseite geschoben. – Die Erklärungen nehmen auf die Bemühungen um die Verständigung zwischen Großbritannien und Deutschland Bezug. An das gemeinsame Erbe der deutschen Kultur und an ihre christlichen Wurzeln wird erinnert. Dieses die Europäer verbindende Fundament ist zerbrochen. Der Krieg erscheint in dieser Kontroverse als ein ‚Verhängnis‘, das niemand hatte abwehren können." – Noch einmal: Diese „kulturelle Krise" war kein unabwendbares Schicksal, sondern eine gewollte und – nach innen und nach außen – gut vorbereitete Konfrontation, die sich zur sog. „Urkatastrophe des 20. Jahrhunderts" entwickelte. Offensichtlich wird, dass die Großmächte einer anderen Religion als der christlichen folgen: der Religion der Gewalt, die sie höher bewerten als eine christliche Verbundenheit. Die Religion der Gewalt ist deshalb so wirksam, weil sie unendlich lange weitergegeben wird – ohne dass sie dadurch je wahrer würde –, weil sie verblendend verkündet, dass Gewalt erlösend (oder mindestens irgend etwas lösend) sei und dass Gewalt bereichernd sei, weil sie zu größerer Ehre oder größerem Reichtum führe (oder zur Erhaltung des bestehenden).

Wolfram Wette[104] beschreibt, wie es zu Beginn des 1. Weltkrieges zu
Kriegslügen kam: Die Bemühungen der Großmächte um friedliche
Lösungen in der Politik auf den Haager Friedenskonferenzen 1899
und 1907 scheiterten hauptsächlich an Deutschland.

„Die in ihrer großen Mehrheit friedliebenden Menschen [in Deutsch-
land-E.B.] *waren bereit, ihr Land zu verteidigen, nicht aber, sich für
Eroberungen missbrauchen zu lassen. Daher mussten kriegswillige Regierungen bestrebt sein, ihre Absichten vor der Bevölkerung des eigenen Landes* [vor allem vor Sozialdemokraten und Gewerkschaf-
ten-E.B.] *zu kaschieren und eine Verteidigung vorzutäuschen. …
Tatsächlich gelang es Theobald von Bethmann Hollweg in der Julikrise
1914 durch eine geschickte Regie, mit der wahrheitswidrigen Behaup-
tung den Eindruck zu erwecken, Deutschland sei nichts anderes übrig
geblieben, als auf die russische Generalmobilmachung zu reagieren. Am
Abend des 31. Juli 1914 verkündete Kaiser Wilhelm II. auf einer patri-
otischen Kundgebung vor dem Berliner Schloss: ‚Neider zwingen uns
zu gerechter Verteidigung. Man drückt uns das Schwert in die Hand.‘
Der Reichskanzler sekundierte: ‚Sollte uns das Schwert in die Hand gezwungen werden, so werden wir ins Feld ziehen mit gutem Gewissen
und dem Bewusstsein, dass nicht wir den Krieg gewollt haben.‘
Am 1. August erklärte das Deutsche Reich Russland den Krieg. Die
Kriegserklärung an Frankreich erfolgte am 3. August. Einen Tag später
verkündete Wilhelm II. im Reichstag, was ihm Bethmann Hollweg vor-
formuliert hatte: ‚In aufgedrungener Notwehr mit reinem Gewissen
und reiner Hand ergreifen wir das Schwert.‘ Gleichzeitig beschwor er
unter stürmischem Beifall der Abgeordneten die innere Einigkeit des
deutschen Volkes mit dem Satz: ‚Ich kenne keine Parteien mehr, ich
kenne nur Deutsche.‘ Bethmann Hollweg hatte sein Ziel erreicht. Er
konnte nun vor dem Reichstag seine historische Verteidigungslüge prä-
sentieren: ‚Russland hat die Brandfackel an das Haus gelegt. Wir stehen in einem erzwungenen Kriege mit Russland und Frankreich.‘ Im
Hinblick auf Frankreich belog der Reichskanzler die Abgeordneten zu-
sätzlich mit den völlig aus der Luft gegriffenen Behauptungen: ‚Bom-*

---

[104] Das „Projekt Münchhausen" (Internet) widmet sich heute der Entlarvung von
Kriegslügen. Wolfram WETTE beschreibt darin u. a. „Deutsche Kriegslügen in der
Julikrise 1914".

benwerfende Flieger, Kavalleriepatrouillen auf reichsländisches Gebiet, eingebrochene französische Kompagnien! Damit hat Frankreich, obwohl der Kriegszustand noch nicht erklärt war, den Frieden gebrochen und uns tatsächlich angegriffen.'

Mit der Manipulation, den eigenen Willen zum Krieg in einen Verteidigungskrieg umzulügen, drängte Bethmann Hollweg die zögernde Sozialdemokratie, die noch kurz zuvor deutschlandweit Friedensdemonstrationen organisiert hatte, dazu, eine Verteidigungssituation anzunehmen, in der sie sich dem Vaterland nicht verweigern wollte. Gegen den Willen von 14 ihrer Mitglieder bewilligte die aus 110 Abgeordneten bestehende SPD-Reichstagsfraktion daraufhin die ersten Kriegskredite. Der Chef des Marinekabinetts, Admiral Georg von Müller, freute sich über den gelungenen Coup des Reichskanzlers und notierte am Abend des 4. August: ,Stimmung glänzend. Die Regierung hat eine glückliche Hand gehabt, uns als die Angegriffenen hinzustellen'."

Unter anderem auch deshalb lehnt Wette die Darstellung des Buches von Christopher Clark („Schlafwandler") ab, weil dort davon die Rede ist, „dass in einer komplexen Konfliktlage" die Agierenden angeblich nicht wussten, was sie taten, als sie den Weltkrieg entfesselten.

Kriegslügen sind also zu finden a) in der Proklamation eines aufgezwungenen Verteidigungskrieges, b) in der fingierten Nachricht von angeblichen Angriffen verschiedener Seiten, die nie stattfanden und c) in der Beschwörung von Deutschland als einer Nation: Die Nationenlüge beruht auf der Konstruktion einer angeblich gemeinsamen heldischen Vergangenheit und der Konstruktion eines gemeinsamen Feindes von außen. Sie werden zum Kitt über die tatsächlichen Differenzierungen und ermöglichen die Manipulation der „Nation" für viele, den Beteiligten sonst fremde Zwecke.

Eric Vuillard beschreibt die Folge der Kriegserklärungen in seiner saloppen Art:

„Am 1. August erklärt Deutschland Russland den Krieg. Frankreich macht um 16 Uhr mobil. Am folgenden Tag überfällt Deutschland

Luxemburg und fordert von Belgien, es möge seine Truppen durchmarschieren lassen. Man sieht, dass alles ganz schnell geht … Am 2. August unterzeichnen das Ottomanische Reich und Deutschland ein Bündnis gegen Russland. Am 3. August lehnt Belgien das Ultimatum ab, und Deutschland erklärt erst Frankreich, dann Belgien den Krieg. Alle Köpfe rotieren, pulsieren, kollidieren. … Und weiter geht´s. Am 4. August zieht die deutsche Armee in Belgien ein; England erklärt Deutschland den Krieg. Also treten auch Kanada, Australien, Indien, Neuseeland und Südafrika in den Krieg ein. Am 6. August erklärt Österreich-Ungarn Russland den Krieg, und am 11. ist es Frankreich, das Österreich-Ungarn den Krieg erklärt. Jeder hat fast schon Angst, einen Feind zu vergessen, so kompliziert ist das Spiel. Ach ja, genau, England hatte Österreich-Ungarn vergessen, den Ursprung des ganzen Schlamassels. Und schließlich, am 23. August, erklärt Japan Deutschland den Krieg, warum weiß niemand mehr.“[105]

Wie selbstverständlich Krieg im Bewusstsein einfacher Menschen war – als Kultur des Krieges – und wie groß die Verehrung des Kaisers, zeigen Untersuchungen ebenso wie persönliche Aufzeichnungen:[106]

---

[105] Eric VUILLARD, Ballade vom Abendland, Berlin 2014, S. 63f.

[106] Aus den persönlichen Aufzeichnungen einer Verwandten: *„Meine Jugendzeit von 15 – 27 Jahren. … Im Jahre 1909 zogen die Preise an, die Milch, die sonst 10 kostete kam auf 12 Pfg., ein Paket Streichhölzer stieg von 10 auf 15 Pfennige. Diese Teuerung war Anlaß genug zu der Meinung, daß es grundnötig sei, den Krieg herbeizuführen, damit nicht jeder tun könne, was er wolle. – Nun der Krieg ließ nicht lange auf sich warten. – Am 15 Mai 1914, zu meinem Geburtstage, trat ich als Diakonisse in das Mutterhaus Salem-Liebtenrode b. Berlin ein. Im August 1914 brach der erste Weltkrieg aus. Ein Sturm von Begeisterung brach los und alle Trennungen und menschlichen Unterschiede waren wie weggeblasen. Der Aufruf des Kaiser Wilhelm I. ‚An mein Volk' fand starken Wiederhall. Alles ging zu den Fahnen, Jünglinge von 16 Jahren waren nicht zu halten. Auch mein späterer Schwager Onkel Erwin hatte den Krieg als Sechzehnjähriger mitgemacht und war bis zum Ende dabei. Jeden Abend zogen große Huldigungsformationen von Studenten, Innungen, Handwerker, Männern jeden Berufes vor das kaiserliche Schloß. Die Nationalhymne, die von Tausenden von Menschen gesungen wurde, wirkte derartig aufs Gemüt, daß die Tränen nur so die Wangen hinunterströmten. Nicht nur bei mir, ich habe es auch von vielen anderen gehört. Und wenn dann Ihre Majestät, die Kaiserin mit einem ihrer Söhne und Gefolge sich auf dem Balkon sehen ließen, wollte der Jubel kein Ende finden. Den Besuch der Kaiserlichen Familie anläßlich des Geschenkes der Stadt Posen, das neuerbaute Schloß an den Kaiser im Jahre 1912, muß ich noch ein-*

- *„Am 2. August, dem Tag nach der deutschen Kriegserklärung gegen Russland, notiert Franz Kafka in Prag in sein Tagebuch: ‚Deutschland hat Russland den Krieg erklärt. – Nachmittag Schwimmschule.'"*[107]
- Tagebucheintrag der Karlsruher Komponistin Clara Faisst am 31. Juli 1914: *„Deutschland ist in den Kriegszustand versetzt. Ich bin wie gelähmt von der Nachricht – Gott verhüte einen Krieg!"* Beeindruckt von dem ungeheuren Organismus der Mobilisierung und der ruhig und geschlossen abgewickelten Kriegsmaschinerie geht sie bald in die Lazarette und gibt Klavierkonzerte für verwundete Soldaten.[108]
- *„Ein jeder Krieg geht mit einer geistigen Mobilmachung einher, einem Kriegskribbeln. Selbst kluge Köpfe sind vor diesen kontrolliert auftretenden Erregungsschüben nicht gefeit. ‚Dieser Krieg ist bei aller Scheußlichkeit doch groß und wunderbar, es lohnt sich ihn zu erleben', jubelt Max Weber 1914, als in Europa die Lichter ausgingen. Thomas Mann empfand ‚Reinigung, Befreiung, und eine ungeheure Hoffnung.' Selbst als bereits tausende Tote auf den belgischen Schlachtfel-*

---

flechten. Ich glaube 8 oder 10 Tage war der Hohe Besuch in der Stadt Posen. Von nah und fern eilte herbei, wer nur konnte, um wenn irgend möglich alle Glieder der kaiserlichen Familie zu sehen. Auch ich fuhr in den Tagen hinein. Leider regnete es den ganzen Tag, doch die Menschen standen wie die Mauer an möglichst guten Stellen, um den großen Moment genießen zu können. Endlich nach Stunden wurde man entschädigt, ich sah sie alle. Erst der Kaiser auf schwarzem Pferd, ernst und undurchdringlich sein Gesicht, dann der Kronprinz sehr freundlich nach allen Seiten grüßend. Die anderen Prinzen, die man ja schon nicht mehr so beachtete, denn man wollte doch die Kaiserin, die prinzlichen Frauen und vor allem die einzige Tochter Luise sehen, um die immer so viel Sagenhaftes gesponnen wurde. An der Seite der Kaiserin saß die Kronprinzessin und gegenüber Prinzessin Luise und die Hofdame. Im zweiten Wagen saß Prinzessin Eitel-Friedrich, eine wirkliche Schönheit, aber nicht gerade freundlich, dann die Prinzen Albert und Oskar. Dieser Jubel. Nie kann man das Bild vergessen und tief prägt sich's als Erlebnis ein." –
Über die Rolle des Kaisers beim Kriegsbeginn und im Krieg gibt es verschiedene Ansichten, u. a. die, dass seine Machtbeschränkungen gegenüber dem Militär oftmals größer waren, als allgemein angenommen. (Tillmann BENDIKOWSKI, Wilhelm II. – Der Kaiser, in: Deutschland 1914 - Zeit-Spezial 8/2014, 6f.) – Weiterhin: Fulbert STEFFENSKY, „Gott mit uns" haben alle gesagt. Was blendet die Augen und rüstet für Kriege? In: ‚Glaubenssachen' von NDR-Kultur vom 22.6.2014.)

[107] Harald WELZER, Klimakriege. Wofür im 21. Jahrhundert getötet wird, Frankfurt/M 2008 (2. Auflage), S. 218.

[108] *Krieg in Gottes Namen? 1914 – 1918*: Zeugnisse aus der Evangelischen Kirche in Karlsruhe und Baden, hrsg. v. der Evangelischen Landeskirche in Baden, Karlsruhe 2014, S. 20.

dern lagen, ließ das Kriegskribbeln nicht nach. 93 Maler, Schriftsteller und Wissenschaftler verfassten … den ‚Aufruf an die Kulturwelt‘. Max Liebermann, Gerhart Hauptmann, Max Planck, Wilhelm Röntgen und die anderen ermunterten ihre Mitbürger zur Grobheit wider den Nächsten: ‚Ohne den deutschen Militarismus wäre die deutsche Kultur längst vom Erdboden getilgt. Deutsches Heer und deutsches Volk sind eins. Dieses Bewusstsein verbrüdert heute 70 Millionen Deutsche ohne Unterschied der Bildung, des Standes und der Partei.‘"[109]

Der Erste Weltkrieg ist nicht einfach „ausgebrochen", er war gewollt und vorbereitet durch:

- Aufrüstung und Militärbündnisse,
- eine Kultur des Krieges[110] und eine Erziehung im Geiste des Nationalismus[111],
- Streben nach Macht und Überlegenheit, vor allem zwischen Deutschland und Großbritannien,
- die kollektive Verleugnung des einen für alle Völker gleichen Gottes, der seine Schöpfung und Menschheit als Ganze liebt.

Deshalb gelingt es den Begriffen „Urkatastrophe" und „Schlafwandler"[112] sowie den unzähligen wissenschaftlichen Untersuchungen und geschichtlichen Darstellungen mit entsprechendem Blickwinkel nicht, den Charakter des Krieges treffend zu erfassen. Am nächsten scheint mir Eric Vuillard zu kommen, wenn er schreibt: *„Es war der vorsätzliche Mord eines ganzen Kontinents, ein gigantisches Spiel, in dem jeder sein Verbrechen mit dem des anderen schönredet."*[113]

---

[109] Gabor STEINGART, Politik der Eskalation. Der Irrweg des Westens, Essay zum Konflikt in der Ukraine, August 2014.

[110] Sie entscheidet, was vernichtungswürdig ist und braucht für ihre Gewissenlosigkeit eine eigene Sprache. (Fulbert STEFFENSKY, „Gott mit uns" haben alle gesagt. Was blendet die Augen und rüstet für Kriege? NDR, 22.6.2014.)

[111] Verbunden mit der Unfähigkeit, sich in die Situation des Gegners hinein zu versetzen und einer Lebenslandschaft als Blindheit. Der Lebensmittelpunkt wird an den Rand verlagert, in Kampf und Tod, das Lebensopfer zum eigentlichen Sinn erklärt. (Fulbert STEFFENSKY, „Gott mit uns" haben alle gesagt. Was blendet die Augen und rüstet für Kriege? NDR, 22.6.2014.)

[112] Christopher CLARK, Die Schlafwandler.

[113] Eric VUILLARD, Ballade vom Abendland, Berlin 2014, S. 57f.

Ein Riss ging durch die Kultur, der die geistigen Fundamente des „christlichen Abendlandes" ebenso zerstörte wie die internationale Arbeiterbewegung und die Vernunft als Garant für wissenschaftlich-zivilisatorischen Fortschritt.[114]

Die Historiker debattieren heute über die Fragen der Kriegsschuld und der geplanten oder eher zufälligen Entscheidung zum Krieg[115], sie erforschen Einzelheiten von Wirtschaft, Alltag und Kriegsstrategien, sammeln Feldpostbriefe, Tagebücher, Orden und Filme ... Ich vermisse die Frage nach denen, die bereits damals das Leben erhalten und retten wollten, nach deren Erfahrungen und Modellen, nach Versuchen der Aufarbeitung und nach lebensfördernden Konsequenzen.[116]

Zu den Säulen des Krieges gehörten die evangelische und die katholische Kirche.[117] Theologien, die Waffen segnen, eine zugeschnittene Arbeit der Militärseelsorge, die Feld- und Festgottes-

---

[114] Ullrich HAHN, Friedensgeschichte, in: Forum Pazifismus 03/2004, S. 26.

[115] Fritz FISCHER, Der Griff nach der Weltmacht 1961; Christopher CLARK, Die Schlafwandler 2014; Ernst PIPERS, Nacht über Europa 2014; Herfried MÜNKLER, Der große Krieg 2014. – Siehe auch Symposien der Historiker 2014 und Vorlesungsreihen z. B. an der Universität Magdeburg zu Themen aus der Zeit des ersten Weltkrieges.

[116] Z. B. Daniel Marc SEGESSER, Der Erste Weltkrieg in globaler Perspektive, Wiesbaden 2013 (3. Auflage), dort findet sich kein Kapitel über den Widerstand gegen den Krieg.

[117] *„Die Kirchen protestierten nicht gegen den Bruch des Völkerrechtes durch den Überfall auf das neutrale Belgien. Sie protestierten nicht gegen das Massaker in Tamines im August 1914, nicht gegen die Zerstörung der Stadt Löwen Tage später. Sie protestierten nicht gegen den Völkermord an den Armeniern, nicht gegen die Verwendung von Giftgas, nicht als der Kaiser Bordelle für Soldaten einrichten ließ. Die katholische Kirche hatte im Kulturkampf böse Erfahrungen mit dem Kaisertum gesammelt. Aber sie rief nicht zur Kriegsverweigerung auf. Auch die Katholiken wollten ‚gute Deutsche' sein. Papst Benedikt XV., auch als Friedenspapst bekannt, wollte das Blutvergießen beenden. Aber seine Friedensappelle verhallten ohne Wirkung."* (Erich BUSSE, Von aller göttlichen Weisheit verlassen, Publik Forum 9/2014, 20f.) Und Bischof Heinz Josef ALGERMISSEN, Vorsitzender von Pax Christi, sagt zum 99. Katholikentag in Regensburg 2014: *„Nicht ein einziges Mal haben es die Katholikentage geschafft, gegen Krieg Position zu beziehen – auch nicht gegen den Ersten Weltkrieg…. Das muss aufgearbeitet werden." Statt dessen gab es bestürzende Ergebenheitsadressen und Fehldeutungen wie z. B. dass der Krieg Deutschland von anderen Nationen aufgezwungen sei, dass es religiöse Pflicht gewesen sei, in den Krieg zu ziehen, dass der einzelne Soldat nicht für sein Handeln verantwortlich sei, weil die Kirche ja den Auftrag legitimiert hat…"* (Chrismon, 30.5.2014)

dienste, die Fülle von christlichen Kriegsschriften für den Kriegsall-
tag im Feld und zu Hause, eine seit den Befreiungskriegen gut ge-
ordnete ‚Helden-Gedenkkultur' – sie sorgten beständig für das
Funktionieren des Krieges wie Schmieröl im Getriebe.[118] Christen-

---

[118] In einigen Mappen des Archivs der Evangelischen Kirche in Mitteldeutschland, Magdeburg, finden sich u. a. Kriegsschriften 1915/16, die als Empfehlung
an das Konsistorium der Provinz Sachsen (Bd III) gegangen sind, z. B.: Hefte zu
den großen kirchlichen Festen, geistliche Lieder, Vaterländisch-sozialer Kalen-
der, Kriegslosungen, Flugblätter, Plakate, tägliche Andachten für die Kriegszeit,
Soldatenglaube (eine apologetische Reihe), Bibelworte an Kriegsgräbern, Literatur für Kriegsfrauen, Gebetsanleitungen … Darunter Themen wie „Aus der
Schule des Weltkriegs", „Wir können immer noch!" „Wir Deutschen fürchten
Gott, aber sonst nichts in der Welt!" – In der fürs Predigerseminar empfohlenen
apologetischen Reihe findet sich als Band 14 „Was ist uns Christus im Krieg?"
von Jakob SCHOELL, Stuttgart 1916. Diese Schrift ist nur ein Beispiel für den übli-
chen zweckgebundenen Gebrauch biblischer Aussagen. Aus dem Inhalt: Christus hat Krieg weder gebilligt noch verworfen, sondern als Tatsache hingenom-
men. / Christus macht menschlich, tapfer, furchtlos. / *„Und klingt nicht aus so manchem Feldbrief das schlichte Bekenntnis wieder, daß Gottvertrauen und christliche Fröm-
migkeit die besten Stücke der inneren Ausrüstung des Feldsoldaten seien? Mögen auch
einzelne sagen, daß sie im Kriege am liebsten nicht an Christus denken, so ist doch die
Zahl derer weit größer, die Christus gerade im Krieg am allerwenigsten missen möchten.
Die alte Losung, daß man in diesem Zeichen siege, ist wieder lebendig geworden."* /
Christus macht opferwillig: Christi Opfer ist zwar einmalig, doch die Lebenshin-
gabe für andere ist „etwas Verwandtes" „zu dem, was Christus geleistet hat". /
Christus macht getrost und hoffnungsvoll: Vor dem Ausmarsch ins Feld stärken
das Abendmahl und die Aussicht auf Vergebung, die Hoffnung für einzelne und
die Gesamtheit. Und das Resümee? / *„So ist Christus weder ein Nichts noch gar ein
Hemmnis, sondern eine große Hilfe, ebenso eine bewahrende, wie eine stärkende Macht
über die Herzen." / „Es bleibt dabei, daß er den Krieg als solchen weder gebilligt noch
mißbilligt hat. Wenn wir den gegenwärtigen Krieg trotz alles Furchtbaren, was er mit
sich bringt, mit gutem Gewissen führen, so kommt es daher, daß wir müssen; äußerlich
müssen, weil wir von einer Welt von Feinden angegriffen sind, innerlich müssen, weil
uns Volk und Vaterland, Heimat und Freiheit Güter sind, die zu verteidigen uns rund-
weg Gewissenssache sind. / So führen wir den Krieg nicht um Christi willen, wie etwa
der Muhammedaner um Muhammeds willen in den Krieg zieht; wir führen ihn erst recht
nicht gegen Christi willen, als ob er uns etwas verbieten könnte, was Gewissen und Ehre
gebietet; aber wir führen ihn mit Christus als Leute, die auch im Kriege Christen sein
möchten. Christlicher Soldat ist so wenig ein Widerspruch wie christlicher Staatsmann,
christlicher Kaufmann und christlicher Arbeiter. / In einem so furchtbaren Krieg wie dem
gegenwärtigen, werden die Völker und Volksheere auf ihren Kern und Wert geprüft.
Wenn wir Recht haben, dann muss eine Armee, in der christlicher Geist lebendig ist,
mehr Wert sein als eine solche, in der Gottlosigkeit und Frivolität oder bloße Frömmelei*

tum und Nationalismus verschmolzen ineinander, das Gerücht von der Verteidigung des Vaterlandes ließ die Lüge vom gerechten Krieg aufkommen, ja man fühlte sich als Verteidiger der Kultur und Kirche als Sinnstifterin für das Zeitgeschehen. Adolf Schlatter schrieb in seiner „Christlichen Ethik", dass wir im Verkehr der Völker untereinander auch mit der Möglichkeit eines Streites zu rechnen hätten und für diesen gerüstet sein müssten. Deswegen sei die Ablehnung des Militärdienstes aus der Christenheit zu entfernen. – Kann die Verirrung noch größer werden?

In Baden, Konstanz gehört dazu, tagt am 21. Juli 1914 die Generalsynode und berät über einen *Friedenssonntag* – ohne jede Kenntnis (-nahme?) von der bevorstehenden (und für den 1. – 5. August geplanten) internationalen Konferenz in Konstanz. Der liberale Befürworter Pfarrer Hermann Maas, der den Antrag von 19 Synodalen eingebracht hat, trifft dort auf seinen Gegner, den Pfarrer Klaus Wurth. *„Der Brettener Stadtpfarrer* [Wurth – E.B.] *setzt in seiner Erwiderung auf Luthers Lehre von den zwei Regimenten: Der Prediger habe keine Politik auf die Kanzel zu bringen, die Fragen von Krieg und Frieden seien von Kaisern und Fürsten zu entscheiden. Ein besonderer Friedenssonntag sei nicht notwendig. Die Pfarrer hätten das ganze Jahr hindurch von einem Frieden zu reden, der höher sei als alle Vernunft."*

Alle Synodalen bekunden ihren Willen zum Frieden, doch jede Nähe zum Pazifismus lehnen sie ab.[119] Maas sieht sich gezwungen,

---

und Scheinheiligkeit tonangebend sind. Was wäre uns lieber, denken zu müssen, daß unsere Soldaten nach Gott und Christus nichts fragen oder überzeugt sein zu dürfen, daß viele auch das Neue Testament im Tornister und Christus im Herzen tragen? Die Losung ‚mit Gott für König und Vaterland" trifft ganz gewiß das Richtige."

[119] „Krieg! in Gottes Namen?" 1914 – 1918. Zeugnisse aus der Evangelischen Kirche in Karlsruhe und Baden, hrsg. von der Evangelischen Landeskirche Baden, Karlsruhe 2014, S. 7. Auszüge aus der Rede von Pfarrer Klaus Wurth: Auch ein Krieg kann Gottes Werk sein! *„Ein irdisches Friedensreich ist eine Utopie. ‚Wir sollten in dieser Richtung auch unseren ersten Schritt nicht tun trotz des Drängens, das in letzter Linie doch ausgegangen ist von jenen Friedensschwärmern, welche einer Utopie huldigen, von der wir vorhin auch gehört haben. In meiner Bibel habe ich nichts davon gelesen, dass auf Erden jemals wird Friede werden, bevor der Herr wiederkommen wird …'* – *‚Meine Herren! Ich darf mich doch wohl auf Luther berufen. Was sagt denn er vom Krieg? Er sagt: Was ist Krieg denn anders, denn Unrecht und Böses strafen! Der Krieg ist Gottes Werk und gut, schreibt er. Er setzt noch hinzu: und er ist ein Werk der Liebe. Man wird wahrhaftig nicht von Luther sagen wollen, dass er ein kriegslüsterner Mann gewesen sei.'* – *Die Waffen der Obrigkeit und die Aufgabe der Kirche. – ‚Die Kirche hat*

den Antrag zurückzuziehen, damit die Synode sich nicht gegen ihn entscheiden muss und ihr Gesicht wahrt.

Ein offizielles Kirchengebet der Evangelischen Landeskirche in Baden im August 1914 lautete: *„Segne die gesamte deutsche Kriegsmacht, führe uns zum Sieg und gib uns Gnade, dass wir auch gegen unsere Feinde uns als Christen erweisen."*[120]

Wie wirkte sich der Krieg in der Sicht eines Kindes aus? Der Jurist und spätere Publizist Sebastian Haffner schreibt ausführlich davon, was ihn damals bewegt hat.[121] Persönliche Aufzeichnungen erzählen

---

andere Waffen , andere Schwerter und andere Kriege, damit sie zu schaffen genug hat, und darf sich in des Kaisers und der Fürsten Kriege nicht mengen. Dabei wollen wir bleiben. Und wenn Sie nun anfangen wollten einen Friedenssonntag zu schaffen, dann bringen Sie, ob Sie wollen oder nicht, schließlich die Politik auf die Kanzel. Davor wollen wir unsere Pfarrer und unsere Gemeinden bewahren ...'" (Ebd., S. 9). Das ist eine der religiösen Varianten der Kriegslügen.

[120] Ausstellung *„Die Grenze im Krieg"* – Der erste Weltkrieg am Bodensee, Rosengartenmuseum Konstanz am 3.8.2014. In dieser Ausstellung wird ein ganzes Kapitel Pazifisten und Künstlern am Bodensee gewidmet, u. a. Hermann Hesse, Ferdinand Hardekopf, René Schickele, Leonhard Frank, Wilhelm Muehlon (erst Manager bei Krupp, dann Pazifist und Streiter für ein geeintes Europa: Tobias ENGELSING [Hg.], Die Grenze im Krieg. Der Erste Weltkrieg am Bodensee, Konstanz 2014, S. 138ff; zu Wilhelm Muehlon siehe auch: Volker ULLRICH, Wilhelm Muehlon, Der Rüstungsdirektor, in: Zeit-Spezial, Deutschland 1914, S. 36f).

[121] Sebastian HAFFNER, Geschichte eines Deutschen 1914 – 1933, Stuttgart 2000, S. 13ff. Spielerisch, zwanglos als willkommene Spannung erlebt Sebastian selbst die immer größer werdenden Einschränkungen des täglichen Lebens und die – zeitweilige oder dauernde – Abwesenheit von Erwachsenen. *„Der Heeresbericht interessierte mich viel stärker als der Küchenzettel."* (Ebd., S. 19). *„Ich haßte die Franzosen, Engländer und Russen so wenig wie der Porthmouth-Anhänger die Leute von Wolverhampton ‚haßt'. Selbstverständlich wünschte ich ihnen Niederlage und Demütigung, aber nur weil sie die unvermeidliche Kehrseite von Sieg und Triumph meiner Partei waren. – Was zählte war die Faszination des kriegerischen Spiels: eines Spiels, in dem nach geheimnisvollen Regeln Gefangenzahlen, Geländegewinne, eroberte Festungen und versenkte Schiffe ungefähr die Rolle spielten wie Torschüsse beim Fußball oder ‚Punkte' beim Boxen. Ich wurde nicht müde, innerlich Punktetabellen zu führen. Ich war ein eifriger Leser der Heeresberichte, die ich nach einer Art ‚umrechnete', nach wiederum sehr geheimnisvollen, irrationalen Regeln, in denen beispielsweise zehn gefangene Russen einen gefangenen Franzosen oder Engländer wert waren, oder 50 Flugzeuge einen Panzerkreuzer. Hätte es Gefallenenstatistiken gegeben, ich würde sicher auch unbedenklich die Toten ‚umgerechnet' haben, ohne mir vorzustellen, wie das in Wirklichkeit aussah, womit ich da rechnete. Es war ein dunkles, geheimnisvolles Spiel. Von einem nie enden wollenden, lasterhaften Reiz, der alles auslöschte, das wirkliche Leben nichtig machte, narkotisierend*

davon, wie der Krieg zum Alltag wurde.[122]

Aus den Aufzeichnungen eines persönlichen Verwandten: *„So kam nun das Jahr 1914. Nur wenige in unserem Volke ahnten damals, daß auf die so langen und segensreichen Friedensjahre bald eine andere Zeit folgen würde.*
Als am 28. Juni 1914 an einem herrlichen Sommersonntag in unserer Stadt das Gewerbefest durch einen prachtvollen und nicht enden wollenden Umzug, verbunden mit einer riesigen Zuschauermenge aus dem ganzen Kreise gefeiert wurde, bekam die bald darauf folgende festliche Stimmung im Steinbergkessel einen Dämpfer. Im Laufe des Nachmittags ging plötzlich die Kunde von Mund zu Mund, daß in der Stadt Sarajewo (Serbien) der österreichische Thronfolger Franz Ferdinand von Österreich und seine Gattin von mörderischer Hand erschossen worden sind. Diese Nachricht verbreitete sich wie ein Lauffeuer durch die ganze Stadt. Im CVJM hatte für diesen Abend Generalmajor a.D. von Walter in der Jungmännerabteilung einen Vortrag zugesagt, den er auch gehalten hat. Gleich zu Anfang sagte er uns aber, daß durch diese Mordtat unser Volk vor eine sehr ernste Entscheidung über Krieg oder Frieden gestellt werden wird. Die Entwicklung auf politischem Gebiet in den nächsten Wochen hat bald ergeben, daß Deutschland in einen unvermeidlichen Krieg hineingezogen werden wird. Daraufhin erfolgte auch am 2: August 1914 die offizielle Mobilmachung der gesamten deutschen Armee zum Heeresdienst. Über die näheren Gründe der mehrfachen Kriegserklärungen, die bald hintereinander folgten, sowie über den Verlauf des Krieges im einzelnen zu berichten, mußte einer besonderen Geschichtsschreibung vorbehalten bleiben. Namentlich unter der Jugend unserer Stadt hat sich bald eine Begeisterung für den

---

wie Roulette oder Opiumrauchen. Ich und meine Kameraden spielten es den ganzen Krieg hindurch, vier Jahre lang, ungestraft und ungestört – und dieses Spiel, nicht die harmlosen ,Kriegsspiele', die wir nebenbei auf Straßen und Plätzen aufführten, war es, was seine gefährlichen Marken in uns allen hinterlassen hat." (Ebd., S. 21.) *„Der Krieg als ein großes, aufregend-begeisterndes Spiel der Nationen, das tiefere Unterhaltung und lustvollere Emotionen beschert als irgendetwas, was der Frieden zu bieten hat; das war 1914 bis 1918 die tägliche Erfahrung von zehn Jahrgängen deutscher Schuljungen; und das ist die positive Grundvision des Nazitums geworden."* (Ebd., S.21f.)

[122] Susanne GRABENHORST und Matthias JOCHHEIM sind auf einer Konferenz der Friedenskooperative 2014 „dem menschlichen Faktor" des Krieges nachgegangen.

Kriegsdienst bemerkbar gemacht, was in der zahlreichen Meldung der Freiwilligen zum Ausdruck kam. Bei der älteren Generation konnte man jedoch wahrnehmen, daß sehr ernste Ahnungen ihre Gemüter bewegten, was in mancherlei Äußerungen wie „nun sind unsere guten Jahre vorbei" bemerkbar machte. Wie sich in späteren Jahren herausstellte, mußten unsere lieben Alten mit ihrer Befürchtung leider recht behalten.

Am 4. oder 5. August rückte dann unser Bataillon in einem langen Sonderzug in der Richtung Görlitz ins Feld. Es war dies ein ganz erhebender Anblick. Eine Laubaner Taschentuch-Firma hatte jedem Soldaten ein weißes Taschentuch ausgehändigt. Bei der Ausfahrt des Zuges winkte jeder einzelne mit diesem Taschentuch aus dem Fenster bis der Zug der Sicht entschwunden war. Bei diesem Anblick blieben viele Augen nicht trocken. In der Befürchtung, daß so mancher der ausrückenden lieben 19ner nicht mehr wiederkehren würde, waren diese Momente an diesem Tage für uns Laubaner alle ein beeindruckendes Gefühl. Diesem Transport folgten in den Tagen darauf die inzwischen eingezogenen Reserve-Einheiten, so daß jeden Tag am Bahnhof Betrieb war. Das Abschiednehmen war dann oft sehr schwer. Galt es doch bei den älteren Reservisten von Weib und Kind für ein unbestimmtes Wiedersehn Abschied zu nehmen.

Bald trafen die ersten Siegesmeldungen ein. Extrablätter wurden des öfteren in der Stadt ausgegeben. Unser Volk stand im Zeichen der großen Siegeshoffnung. ‚Viel Feind, viel Ehr' – dies Wort erklang aus mancherlei Munde, als eine Kriegserklärung die andere ablöste. Es wurden auch Stimmen laut, daß zu Weihnachten der Krieg beendet sein wird. Ja selbst unser Kaiser soll ähnliche Äußerungen wie ‚Wenn das Laub wird von den Bäumen fallen, wird auch der Krieg zu Ende sein.' Es kam aber anders.

Mit diesen Siegesnachrichten der ersten Kriegswochen wuchs aber auch die Opferbereitschaft unserer Stadtbewohner. Lauban wurde für eine Lazarettstadt erklärt. Alle verfügbaren Gasthaussäle, auch der Saal des evangelischen Vereinshauses in der Weidenstraße, ebenso das Kloster wurden für ein Lazarett eingerichtet. Von unserem Haus aus an der Greiffenberger Straße sahen wir, wie fast alle Tage, oftmals auch in der Nacht, lange Lazarettzüge mit Verwundeten von den verschiedensten Kriegsschauplätzen eintrafen. An Liebesgaben wurde damals in den ersten Kriegswochen noch ungeheuer viel, ja mehr, als die Lazarette

unterbringen konnten, gespendet. Eine große Anzahl von abkömmli-
chen Frauen und Mädchen haben sich in den Dienst der Lazaretthilfe
gestellt.
In der Bäckerei gab es in dieser Zeit sehr viel zu tun. Ich selbst arbeitete
noch bei meinen Eltern im Geschäft. Nach der Schlacht bei Tannenberg
kamen eine Unmenge gefangener Russen nach Lauban. Zur Unterbrin-
gung derselben wurde unweit der Kaserne ein Barackenlager aufge-
baut. Für dieses Lager hatten wir täglich eine große Zahl von Broten
und Semmeln zu liefern."
„Am 4.12.1914 wird Hermann eingezogen und kommt als Armie-
rungssoldat zu Befestigungsarbeiten an die Ostfront, später nach
Frankreich zur Infanterie. Er beschreibt seine Erlebnisse dort als ‚viel-
seitig und abwechslungsreich'. – Zwischen dem Stellungskrieg auch die
schönen Erlebnisse: In einem Ort bekommt er von den Gastgebern ein
richtiges Bett zur Verfügung gestellt. In einem anderen Ort transpor-
tiert er eine familiäre Nachricht heimlich an einen französischen
Kriegsgefangenen."

Einmal, da hat mitten im Krieg die Basis eines gemeinsamen christlichen Glaubens aufgeleuchtet und ein helles Licht angezündet: „der
kleine Frieden im großen Krieg". Deutsche, Franzosen und Briten
feierten 1914 an der Westfront gemeinsam Weihnachten:[123]

„Der Mut einfacher Soldaten auch gegenüber ihren Vorgesetzten
machte das ‚Unglaubliche' wahr. Endlose Monate waren sie unsägli-
chen körperlichen und seelischen Belastungen ausgesetzt. Dann gab es
an der deutschen Front Weihnachtsbäume und Kerzen. Britische und
deutsche Soldaten erhielten … Päckchen mit kleinen Geschenken. Per-
sönliche Weihnachtspost weckte sehnsüchtige Gefühle nach lieben
Menschen und Erinnerungen an Feiern zu Hause. Briefe und Fotos
trugen sie immer bei sich. Am 24. Dezember wurde es kalt, der
Schlamm gefror und die Soldaten sanken nicht mehr ein. Sternenklar
und windstill war die Nacht.

---

[123] Michael JÜRGS, Der kleine Frieden im großen Krieg. München 2003. – Dass zu
Weihnachten der Krieg 1914 wirklich für einige Stunden einem Weihnachtsfrie-
den wich, war, ist damals den Menschen verschwiegen worden und mutet heute
wie ein Wunder an.

Einige stimmten an ‚Stille Nacht, heilige Nacht…‘ Zweite Strophe: Die ganze Kompanie singt mit. Schweigen bei den Briten, 80 m entfernt. Plötzlich ein Ruf: ‚Fröhliche Weihnachten!‘ Da kommt die Antwort ‚Merry Christmas!‘ Die Briten klatschen Beifall, rufen ‚Well done, Fritzens!‘ und singen englische Weihnachtslieder. Das Lied ‚Oh Com, All ye Faithful‘ singen die Deutschen mit: ‚Herbei, o ihr Gläubigen‘. Häufig begann so der Weihnachtsfriede, Christmas truce, Trève de Noel. Oft verließen Deutsche die Gräben zuerst. Fast überall wurde zunächst eine Waffenruhe vereinbart, um die Toten zwischen den Gräben zu begraben, oft halfen die ‚Feinde‘ einander dabei. Und Geschenke gingen hin und her: Zigaretten, Zigarren, Schokolade, Kommissbrot und Marmelade …“. Gemeinsam wurden Gottesdienst gefeiert und Fußball gespielt – mit englischen Soldaten und mit französischen. *„‚Wunderbare Menschen waren das, die französischen Soldaten bei Verdun. Wir haben zusammen Weihnachten gefeiert…‘“ „Tausende machten mit, über Hunderte Frontkilometer. Trotz Drohungen und Strafen hielten viele Einheiten die Waffenruhe wochenlang ein, einige bis März 1915.“* Auch in den Jahren danach kamen trotz schärfster Strafandrohungen noch lokale und kurze Waffenstillstände zustande. *„Mehrere, die versuchten, diesen Frieden in die Wege zu leiten, wurden durch direkten Befehl von gegenüber erschossen. Vorbeugend hatten die Vorgesetzten das Verbot der ‚Fraternisierung‘ durch Drohungen eingeschärft, denn darin stimmten die politischen und militärischen Führungen auf allen Seiten überein: So etwas durfte sich nicht wiederholen, es musste unterbunden werden.“*[124]

Wann, wenn nicht in solch einem tief beeindruckenden Augenblick, wird die völlige Unvereinbarkeit der christlichen Friedensbotschaft mit der eigentlich herrschenden Religion, der Religion der Gewalt, spürbar, greifbar?

Immer mehr schmolz sie auch bei den Soldaten zusammen, die Hoffnung auf ein baldiges Ende des Krieges. Nur hin und wieder flackerte sie noch auf.[125]

---

[124] Martin ARNOLD, Lassen wir uns „nicht von den Eigenen täuschen“! Aufsatz Januar 2014.

[125] Beim Umzug in neue Räume fiel den Mitarbeitenden von Church and Peace ein Zeitungsartikel von 1980 in die Hände. Überschrift: „Dafür bekamen sie keinen Orden“ und Foto von zwei betagten Bauern. Erzählt wird die Geschichte von

Die herrschende Religion, die der Gewalt und der Gewalttätigkeit, setzte sich durch und sammelte ihre Opfer ein.[126]

Während die Steuern der Deutschen in Kriegskredite umgemünzt wurden, während der militärisch-industrielle Komplex in Deutschland und anderswo große Gewinne am Krieg machte,[127]

---

zwei Soldaten, die 1916 auf den Bauernhöfen in Belgien und Frankreich stationiert wurden. Sie waren selbst Bauern und haben in jeder freien Minute gepflügt, gesät, gejätet, geerntet, Tiere versorgt – bis zum Ende des Krieges. Wenn die Bewohner zurück kämen, sollten sie eine funktionierende Landwirtschaft vorfinden. Das war ihr Beitrag zu einer Solidarität der Bauern gegen den Krieg. [Dokumentiert in „P. Bürger (Hg.): Frieden im Niemandsland. Norderstedt 2021.]

[126] Hier nur einige wenige „Meilensteine": *1. August deutsche Mobilmachung* und Kriegserklärung, es folgen weitere Kriegserklärungen; / *Die Bündnissysteme wirken als „Zündschnur"* (Eric VUILLARD): Die Triple Entente GB/F/Rus einerseits und Deutschland, Österreich-Ungarn, Osmanisches Reich andererseits, dazu als Einzelländer auf Seiten der Triple Entente USA, Italien, Serbien, Rumänien, Griechenland; / *Marneschlacht* 1914 vor Paris: Am 22.8.1914 sterben 27.000 Soldaten; Stellungskrieg, Menschenschlachthaus; / *8.12.1915* Die Prüfstelle für künstliche Gliedmaßen nimmt ihre Arbeit in Berlin auf. / *Ypern: Giftgaskrieg* in mehreren Wellen; / *Stahlgewitter* (drei Reihen von Kanonen hintereinander feuern unablässig aufeinander); / *Februar 1916 Verdun*: Blutmühle; bis Juli 1916 ca. 500.000 Tote; Juli 1916 Schlacht an der Somme – in den ersten 6 Minuten sterben 30.000 Soldaten , insgesamt 1 Million Tote; / *Heimatfront am Verhungern und ohne Bildung, Kultur* … Oktober 1916 Hungerkrawalle werden brutal niedergeschlagen; 1916/17: „Steckrübenwinter"; / *Kriegsziele*: Weltmachtphantasien für Industrie und Landwirtschaft: Kolonien und Macht; / *1917 USA* nimmt am Krieg teil; / *Ganze Regimenter der Österreichischen Armee meutern*, ungarische Truppenteile treten einfach den Marsch in die Heimat an. / *Oktoberrevolution*, von Deutschland diktierter Frieden von Brest-Litowsk; / *Februar 1918: Massenstreiks* in Deutschland. Der „Spanischen Grippe" fallen viele zum Opfer. / *1918 Novemberrevolution* in Deutschland; / *Versailler Vertrag* für Deutschlands Kriegsschuld eine Verurteilung mit Lasten; / *Summe*: Der Krieg kostete ca. 17 Millionen Menschen das Leben und weiteren weitaus mehr Millionen Menschen Gesundheit, Lebensmut, Existenz … Wer sich auch nur mit einem erlittenen Leben aus dieser Zeit befasst, hat so viel damit zu tun, dass er für die restlichen Millionen kaum mehr Kraft aufbringt. (Unter Verwendung von: *Welt – Krieg – Gedenken*, Materialien für Gottesdienste und Gemeindearbeit vom Zentrum Ökumene der Evangelischen Kirchen in Hessen und Nassau, S. 16ff und 18ff.)

[127] Zum Beispiel: *„Der Autobauer Daimler erwirtschaftet im Ersten Weltkrieg enorme Profite. Dabei gerät die Firma mitten im Krieg in den ungeheuerlichen Verdacht, das Kriegsministerium zu betrügen…"* (Kontext: Wochenzeitung vom 14./15.6.2014, drei Artikel von Dietrich HEIßENBÜTTEL und Oliver STENZEL: Die Untertürkheim-Affäre.) – Von Fritz Haber, dem Entwickler des Giftgases, heißt es: *„Haber war*

während die Menschen im Land am Hunger und am Mangel an Lebensmöglichkeiten verkümmerten, während in den verbleibenden Schulen das nationalistische Heldentum gelehrt wurde, während im Reichstag inzwischen von einigen Abgeordneten Auswege aus dem Dilemma des Krieges gesucht wurden[128] und während die deutsche Regierung die russische Revolution um Lenin mit unvorstellbaren Summen förderte, um Russland aus dem Krieg zu bekommen, ging das Töten und Sterben an den Fronten unvermindert weiter, bis die unvorstellbare Zahl von Millionen an Toten, Verwundeten, Traumatisierten, Zerstörten erfüllt war.[129]

Wenn im Ersten Weltkrieg die Bündnisse als „Zündschnur" (Eric VUILLARD) fungiert haben, so sind diese Zündschnüre bis heute (2014) über viele Stufen hin weiter ausgebaut worden, um möglichst effektiv zu drohen, abzuschrecken und als Explosivstoff zu funktionieren.

Unter der Vielzahl von „‚Belletristik' über den Krieg"[130] ist mir Edlef KÖPPENS dokumentarisches Buch *„Heeresbericht"* mit seiner

---

mit großer Intuition beim Entwickeln chemotechnischer Lösungen gesegnet [gemeint ist das Kriegsgas, das dann unzählige Opfer gefordert hat], *hinzu kam sein Organisationstalent. Er brachte die Wissenschaft, die Industrie, den Staat und später das skeptische Militär an einen Tisch. Mit ihm als Mentor begann die Zeit wissenschaftlich-industrieller Großprojekte."* Der Preis: Seine Frau, Clara Immerwahr, in der Frauenbewegung tätig, nimmt sich das Leben. Und: Millionen Menschen kommen schneller um als durch konventionelle Kriegstechnik. (Zeit-Spezial 8/2014, Deutschland 1914, S. 21.) – Die Giftgase wurden übrigens weiter entwickelt und später von den Nationalsozialisten genutzt. (Haberer starb bereits 1934 – als Nobelpreisträger für Chemie.)

[128] Siehe die Friedensresolution der Mehrheitsparteien des Reichstages vom 19.7.1917 in: Karlheinz LIPP, Pazifismus im Ersten Weltkrieg. Ein Lesebuch, Herbolzheim 2004, S. 72.

[129] Neu sind die Formen der Kriegsführung mit Massenheeren, Massenvernichtung (Giftgas), die Technologie (Maschinengewehre, Bomben von Flugzeugen, U-Boote, Tanks …). Die damals neuen Formen der Kriegführung wurden dann in den verschiedenen Kriegen und in „Friedenszeiten" weiterentwickelt; heute (2014) sind wir gerade bei der Einführung der Drohnen-Technologie für ferngelenkte militärische Morde.

[130] Belletristik bedeutet so viel wie schöne oder schöngeistige Literatur. Den Begriff für die Kriegsliteratur zu verwenden, erscheint mir eine unzulässige Verharmlosung zu sein. Eine ausführliche Liste solcher *„Belletristik gegen den Krieg"*, darüber hinaus eine Liste von Filmen und Museen findet sich bei Karlheinz LIPP, Pazifismus im Ersten Weltkrieg. Ein Lesebuch, Herbolzheim 2004, S. 118ff.

Mischung aus persönlichem Erleben und kontrastierenden Dokumenten das Eindrücklichste geworden.[131]

Dies nicht vordergründig, weil ich den Neffen, Klaus-Peter Köppen, kenne und weil Edlef Köppen aus Genthin stammt, das heute zur Evangelischen Kirche in Mitteldeutschland (EKM) gehört, sondern weil der Verfasser die Furchtbarkeit des Krieges kaum literarisch (eben belletristisch!) verwischt und dadurch die Lesenden unmittelbarer in den Krieg hinein zieht. – Der „Heeresbericht" findet seine Interpretation in „Der Krieg brach wirklich aus" (hrsg. v. Albrecht FRANKE, Halle 2014) durch Texte von über dreißig AutorInnen aus heutiger Sicht. – Edlef Köppen (hier als Raisinger) schließt seinen „Heeresbericht" mit diesem Kapitel vom September 1918: „*Raisinger liegt in einer Isolierzelle. Das ist ein Grab, düster, kalt, mit einer bläulichen Lampe erhellt. Verschlossen die Tür, vergittert das Fenster mit zentimeterdickem Glas. – So, nun bin ich begraben. Nun ist es zu Ende. Jetzt wäre es notwendig, meiner Mutter noch zu schreiben, daß ich hier liege. Aber das erlaubt niemand. Ich bin ja verrückt. Ich bin auf allerhöchsten Befehl eines allerhöchsten Kommandierenden Generals verrückt. Muß ja auch so sein. Ein Offizier, der ausrückt, der nicht mehr mitspielt, ist verrückt. Ausrückt verrückt, ausrückt verrückt, rückt – es ist zum Lachen, wie ich hier liege. Und dabei habe ich ihm ja gar nicht gesagt, daß ich nicht mehr mitspiele. Herr, General, habe ich nur gesagt, erschießen Sie mich bitte, hier, bedienen Sie sich, aber ich gehe nicht einen Schritt mehr nach vorn. Das größte aller Verbrechen mach ich nicht länger … Wo sind denn auch Sie so lange gewesen? Und warum halten Sie denn die Tanks nicht auf, was? – Und, Herr, mäßigen Sie sich, hat er gesagt. Und gebrüllt habe ich, daß der Husar mit den Lackstiefeln blaß geworden ist; ich denke nicht daran, mich zu mäßigen, habe ich gesagt. Ich mäßige mich seit viel zu langer Zeit, und wenn ich mich schon früher nicht gemäßigt hätte, dann lebten sie alle noch, die gefallen sind. Ich behaupte so laut, wie Sie es hören wollen, daß wir alle mitschuldig sind an diesem sinnlosen Verbrechen, und ich dulde nicht, daß hier jetzt einer lacht, und außerdem, verlassen Sie sich darauf, kommen die Tanks gleich hier ins Dorf. – Und mich gepackt – warum habe ich mich nicht gewehrt –*

---

[131] Edlef KÖPPEN, Heeresbericht, München 2004 (2. Auflage).

und mich ins Auto gelegt, festgeschnallt auf der Bahre, und unter die Bank geschoben, auf der ein Mensch ohne Beine verblutete, daß ich naß wurde im Gesicht. Und gestern hier Fahrt durch die Stadt, im vergitterten Wagen, und gelacht und gesungen – und erklärt, mit aller Inbrunst, zu allen Ärzten: meine Herren, ich schwöre Ihnen, ich bin verrückt. Ich spiele auch nicht verrückt. – Ich erkläre Ihnen bei meinem Leben: ich weiß, was ich tue und sage: es geht um nichts anderes als darum, zu sagen: ich, ich, ich mache den Krieg nicht mehr mit. Ich mache den Krieg nicht mehr mit. Ich weiß, ich lasse meine Kameraden im Stich, und das ist vielleicht feige. Aber ja: ich bin feige. Ich will feige sein. Ich lege es Ihnen ja immer wieder nahe: erschießt mich doch. Verhängt doch eure lächerlichen Kriegsgesetze über mich und erschießt mich doch. Aber ich mache nicht mehr mit. Ich will nicht länger mitschuldig sein. Es geht um mehr als um den Sieg, an den ihr ja doch genauso wenig noch glaubt wie ich. Es geht darum, daß jede Sekunde noch Menschen erschossen und erschlagen und verstümmelt werden – und weswegen? Um einer Sinnlosigkeit willen, denn wir können ja nicht mehr siegen. Wir haben uns da draußen jahrelang geschlagen wie kein Heer der Welt, wir haben allen Glauben gehabt, auch wenn wir Nein sagten. Nun ist es genug. Und ich mache nicht mehr mit. – Aber da lachen sie und bedauern mich. Nehmen Sie die Hand von meiner Stirn, habe ich den Arzt angeschrien, ich will nicht getröstet werden. Ich bin nicht zu bedauern, ich bin nicht krank, ich bin nicht verrückt, ich will nicht entschuldigt werden, ich sage Ihnen, ich weiß, was ich tue. Der Krieg ist das größte Verbrechen, das ich kenne. Ich habe Schuld an ihm. Ich habe jahrelang Schuld an ihm gehabt. Durch mein Kommando sind Menschen getötet worden. Jetzt ist's aus. Laßt es mich doch büßen. Macht mich doch tot, weil ich bewußt, bewußt euch im Stich lasse. – Aber wie ich dann weine, lachen sie noch mitleidiger, sagen: armer, verrückter Leutnant. Und ich bin so klar wie nie vorher in meinem Leben: es ist ein Verbrechen, auch nur eine Sekunde weiter teilzuhaben an dem Mord."[132]

---

[132] Edlef KÖPPEN (1893-1937): Heeresbericht, München 2004 (2. Auflage), erschienen 1930; auf die Bücherverbotsliste der Nazis gesetzt.

Was die Eindrücklichkeit angeht, kommt für mich Eric VUILLARDS schon mehrfach zitiertes Buch „Ballade vom Abendland" gleich danach, weil er den Personen und Ereignissen ihre Masken nimmt, den halbwahren geschichtlichen oder wissenschaftlichen Untersuchungen das darunter liegende Menschlich-Unmenschliche hinzufügt und es in größere Lebenszusammenhänge stellt.[133]

„Von der Nordsee bis zu den Alpen hat man große Löcher gegraben, alle haben mit angepackt; man hat lange Gänge in den Boden gezogen, Unterstände, Schilder, um sich nicht mehr zu verirren, mit Spitzhacke und Schaufel hat sich jeder eine Nische aus Brettertrümmern und kaputten Gewehren gebaut. Eine unüberschreitbare Grenze, Feuerlinie. Wie jede Grenze: Je schwerer sie zu überqueren ist, desto trauriger und blutiger ist sie. Die Männer haben lange Gruben ausgehoben, jeder auf seiner Seite; und man hat einander in diesen Gruben vier Jahre lang begraben. Unermüdlich hat man neue Laufgänge angelegt, neue Linien in der Erde, ein ganzes Labyrinth aus Gängen und Unterständen. Zu Anfang hat sich jeder ein Loch gegraben, gerade mal groß genug um sich in die Erde zu kauern, selbst zum Bestatten reicht es nicht. Ein für Gott zu kleines Fleckchen. Dann gingen die Tage dahin, und das Loch wurde tiefer, zwischen den Nachbarlöchern entstanden Verbindungen. Das Wasser stieg und überschwemmte alles, man watete durch einen kalten Regen. Manche stockten die Brüstungen mit flüssigem Schlamm auf, wie Zement. Dieser ganze Gürtel aus umgegrabener Erde ähnelte einer langen und dicken Schlange, die kaum ihre Gestalt veränderte, während sie durch die feuchten Wälder der Argonnen, die steinigen Plateaus der Champagne und die Zuckerrübenfelder an der Yser kroch. – Bald waren alle da. Ein ganzes junges und fröhliches Volk steckte in diesen Löchern. Es gab Tiroler, Araber, Bayern, Neger, Bretonen, Preußen, Basken, Australier, Sikhs; denn sie mussten nun mal gefüllt werden, diese Löcher! Es mussten auf sechs Kilometern Breite 750 Löcher gefüllt werden. Es galt zwischen zwei Ländern eine lange Kette aus Menschenfleisch zu ziehen. Die Grenze musste eine Grenze aus Menschen sein, unüberquerbar; und deshalb grub man. Man pflügte 750 Kilometer um und bestellte anschließend riesige Stacheldrahtrollen. Da krönte ein Feuer am Himmel die Erde: die Grande Place in Arras wurde

---

[133] Eric VUILLARD: „Ballade vom Abendland", Berlin 2014.

zerstört, die Tuchhallen in Ypern wurden zerstört, die Kathedrale in Reims wurde zerstört. Es gab 20 Millionen Tote, 10 Millionen Soldaten. 10 Millionen, das bedeutet große Gruben in der Erde. Das bedeutet Friedhöfe, so weit das Auge reicht, ausgedehnte, wunderschöne Friedhöfe, auf denen alle Gräber gleich sind. Vielleicht braucht es 10 Millionen Tote, damit sich alle Gräber gleichen. 47.183 deutsche Beine waren verloren, 21.149 Arme. Manche Männer waren so entstellt, dass man Pflegeheime baute, weitab der Städte, da, wo niemand hinkommt, da, wo niemand hin will, so entsetzlich waren sie anzuschauen. Ich habe Fotografien dieser Gesichter gesehen, mit ihren armen Clownsgrimassen. Jeder kennt sie."[134]

„Doch das Spiel der Bündnisse und der militärischen Pläne ist unerbittlich. Aus nächster Nähe betrachtet haben die Menschen ihre Gründe zu handeln; deren Summe allerdings lässt bald andere, überzeugendere Motive vermuten, die der Mensch im Einzelnen nur verkennen konnte. Dabei sind es genau diese Kräfte, die offenbar die Menschenmassen zu den Erdlöchern von Verdun gezogen haben; und weil dieser Krieg eine Mischung aus Tragik und Groteske ist, unterstreicht er vielleicht besser als jeder andere jene langsame Bewegung der Geschichte, in der sowohl der Geist als auch der Körper auf einer höheren Ebene an Entschluss- und Urteilskraft unterworfen scheinen. So sind die ersten Panzer, die Haubitzen, der Telegraf im Zusammenspiel mit dem schottischen Kilt, dem bosnischen Infanteristen nebst Fez und Sirwal tausend kleine Bestätigungen auf der Bruchstelle dieser weit ausholenden und langen Bewegung, der sich niemand entziehen zu müssen scheint. Die Strömung reißt uns mit. Man sagt ‚ja‘, vermag nichts anderes zu sagen. — Dieserart ist die große Bewegung des Abendlandes, um die Welt zu kontrollieren und auszubeuten. Die machtvolle Einträufelung seines Prinzips bei den anderen Völkern."[135]

1917 beschreibt Hermann Hesse in einer Erzählung, wie er die Kriegszeit nach seiner Rückkehr aus der Emigration erlebt:

„… zu meiner Enttäuschung standen sich überall noch immer mit der gleichen geistlosen Hartnäckigkeit die Völker im Kriege gegenüber. Es

---

[134] Ebd., S. 143ff
[135] Ebd., S. 147.

waren einige Grenzen verschoben, einige ausgesuchte Regionen älterer höherer Kulturen mit Sorgfalt zerstört worden, aber alles in allem hatte sich äußerlich auf der Erde nicht viel geändert. Groß war der erreichte Fortschritt in der Gleichheit auf Erden. Wenigstens in Europa sah es in allen Ländern, wie ich hörte, genau gleich aus, auch der Unterschied zwischen Kriegführenden und Neutralen war fast ganz verschwunden. Seit man die Beschießung der Zivilbevölkerung mechanisch durch Frei-ballons betrieb, welche aus Höhen von 15.000 bis 20.000 Metern im Dahintreiben ihre Geschosse fallenließen, seither waren die Landes-grenzen, obwohl nach wie vor scharf bewacht, so ziemlich illusorisch geworden. Die Streuung dieser vagen Schießerei aus der Luft herab war so groß, daß die Absender solcher Ballons ganz zufrieden waren, wenn sie nur ihr eigenes Gebiet nicht trafen, und sich nicht mehr darum küm-merten, wie viele ihrer Bomben auf neutrale Länder oder schließlich auch auf das Gebiet von Bundesgenossen fielen.

Dies war der einzige Fortschritt, den das Kriegswesen selbst gemacht hatte; in ihm sprach sich endlich einigermaßen klar der Sinn des Krieges aus. Die Welt war eben in zwei Parteien geteilt, welche einander zu vernichten suchten, weil sie beide das gleiche begehrten, nämlich die Befreiung der Unterdrückten, die Abschaffung der Gewalttat und die Aufrichtung eines dauernden Friedens. Gegen einen Frieden, der mög-licherweise nicht ewig währen könnte, war man überall sehr eingenom-men – wenn der ewige Frieden nicht zu haben war, so zog man mit Entschiedenheit den ewigen Krieg vor, und die Sorglosigkeit, mit wel-cher die Munitionsballons aus ungeheuren Höhen ihren Segen über Ge-rechte und Ungerechte regnen ließen, entsprach dem Sinn dieses Krie-ges vollkommen. Im übrigen wurde die alte Weise mit bedeutenden, aber unzulänglichen Mitteln weitergeführt. Die bescheidene Phantasie der Militärs und Techniker hatte noch einige wenige Vernichtungsmit-tel erfunden – jener Phantast aber, der den mechanischen Streuballon ausgedacht hatte, war der letzte seiner Art gewesen; denn seither hatten die Geistigen, die Phantasten, Dichter und Träumer sich mehr und mehr vom Interesse für den Krieg zurückgezogen. Er blieb, wie gesagt, den Militärs und Technikern überlassen und machte also wenig Fort-schritte. Mit ungeheurer Ausdauer standen und lagen sich überall die Heere gegenüber, und obwohl der Materialmangel längst dazu geführt

hatte, daß die soldatischen Auszeichnungen nur noch aus Papier be-
standen, hatte die Tapferkeit sich nirgends erheblich vermindert."[136]

Dazu beschreibt Hermann HESSE den Geisteszustand von Beamten,
wie am eigenen Leib erfahren:

„,… Nur eins begreife ich nicht ganz. Sagen Sie mir: wozu eigentlich
macht nun die ganze Welt diese riesigen Anstrengungen? Diese Ent-
behrungen, diese Gesetze, diese tausend Ämter und Beamte – was ist es
eigentlich, was man damit beschützt und aufrechterhält?'
Erstaunt sah der Herr [der Beamte – E.B.] mir ins Gesicht.
,Ist das eine Frage!' rief er mit Kopfschütteln. ,Sie wissen doch, daß
Krieg ist, Krieg in der ganzen Welt! Und das ist es, was wir erhalten,
wofür wir Gesetze geben, wofür wir Opfer bringen. Der Krieg ist es.
Ohne diese enormen Anstrengungen und Leistungen könnten die Ar-
meen keine Woche länger im Felde stehen. Sie würden verhungern – es
wäre unausstehlich!'
,Ja', sagte ich langsam, ,das ist allerdings ein Gedanke! Also der Krieg
ist das Gut, das mit solchen Opfern aufrechterhalten wird! Ja, aber –
erlauben Sie eine seltsame Frage – warum schätzen Sie den Krieg so
hoch? Ist er denn das alles wert? Ist denn der Krieg überhaupt ein
Gut?'
Mitleidig zuckte der Beamte die Achseln. Er sah, ich verstand ihn nicht.
,Lieber Herr Sinclair', sagte er, ,Sie sind sehr weltfremd geworden
…'"[137]

Was weiter geschah: Am 9. November 1918 wird die Republik aus-
gerufen, am 10. November 1918 dankt der Kaiser ab, am 31. Juli 1919
wird die Weimarer Republik gegründet.

Der Krieg endet wiederum so, wie er begonnen hatte: mit einer
Kriegslüge. Wolfram Wette beschreibt Entstehung und Inhalt der
„Dolchstoßlegende": *„In ihrer ersten Phase zielte die Täuschungsstrate-*
gie der deutschen Militärführung darauf ab, die Niederlage zu leugnen oder
schönzureden. Ein Jahr später inszenierten Hindenburg und Ludendorff

---

[136] Hermann HESSE, Wenn der Krieg noch zwei Jahre dauert, in: Ders., Meistererzählungen, Frankfurt/M 1977, S. 165f.
[137] Ebd., S. 170f.

die zweite, noch wesentlich folgenschwerere Etappe ihrer Entlastungsstrategie. Sie präsentierte der deutschen Öffentlichkeit einen Buhmann, einen Schuldigen, einen Sündenbock. Als geeignete Bühne bot sich ihr Auftritt am 29. September 1919 vor dem parlamentarischen Untersuchungsausschuss an, den die Nationalversammlung zur Untersuchung der Ursachen der deutschen Niederlage eingesetzt hatte. In selbstherrlicher Pose legte Hindenburg dort sein militaristisches Credo dar, die unverkennbar an der Vorstellung vom totalen Krieg orientiert war: Wir mussten unterliegen, sagte er, wenn nicht die gesamte Heimat für den Sieg auf dem Schlachtfelde eingestellt wurde und die moralischen Kräfte nicht dauernd aus der Heimat erneuert wurden. Aber die Heimat habe versagt: Ich wollte kraftvolle und freudige Mitarbeit, und bekam Versagen und Schwäche. Dann folgte das böse Wort vom Dolchstoß, das schon seit Monaten durch die Lande geisterte: So mussten unsere Operationen misslingen, es musste der Zusammenbruch kommen. […] Ein englischer General sagte mit Recht: ‚Die deutsche Armee ist von hinten erdolcht worden‘. Den guten Kern des Heeres trifft keine Schuld.‘ Damit hatte Hindenburg, der mit Abstand bekannteste deutsche Militär jener Zeit, die Schuld für den für Deutschland negativen Kriegsausgang auf jene Kräfte der deutschen Gesellschaft abgewälzt, die sich seit 1917 für einen Verständigungsfrieden eingesetzt hatten und die – aus nationalistischer Sicht – zugleich für die Novemberrevolution 1918 verantwortlich waren. Jetzt war die Dolchstoßlegende von Hindenburgs Autorität gedeckt."[138]

---

[138] Wolfram WETTE, Die Dolchstoßlegende – eine deutsche Kriegslüge von 1918/19 und ihre schwerwiegenden Folgen, in: Projekt Münchhausen, im Internet abgerufen am 27.11.2014. Die Folgen dieser Legende waren Revanche auf internationalem Parkett und Kampf gegen alle Kritiker im Innern – ausgenutzt auch von den Nazis.

7.
Veränderungen in der Friedens-Bewegung durch den Kriegsverlauf

Die Friedensbewegung erreichte 1914 eine neue Dichte, kam jedoch zahlenmäßig an die 2,8 Millionen Mitglieder der militärischen Vereine nie auch nur annähernd heran.

Frühjahr 1914: *Evangelische „Friedenspfarrer"* der Deutschen Friedensgesellschaft (DFG), einzelne – wohl damals sehr einsame – Persönlichkeiten, protestieren an verschiedenen Stellen, u. a. in einer Broschüre gegen den deutschen Wehrverein, der die Aufrüstung aggressiv vorantreibt. Kriegsflugblätter der DFG warnen vor der Kriegsgefahr und weisen bereits auf andere Gründe des Krieges als den der Vaterlandsverteidigung hin.

Im ersten Halbjahr organisierte die *SPD mehrere Großdemonstrationen* gegen den Krieg, die nach der Kriegserklärung jedoch nicht zu einer Fortsetzung des Widerstandes in individuellen oder anders organisierten Formen führten. Das zaristische Russland wurde damals auch von der SPD als Feind Deutschlands angesehen. Die erste Kriegserklärung Deutschlands erging an Russland, und somit war klar, dass die Mehrheit der SPD auch für diesen Krieg plädierte.

Am 2. Dezember 1914 stimmte *Karl Liebknecht* als einziger Reichstagsabgeordneter gegen Kriegskredite. Er konnte seine Position nur schriftlich begründen.

Im Juli 1914 war ein *Weltfriedenskongress* in Wien geplant, er kam wegen des Kriegsausbruches nicht mehr zustande.

Der *Bund Neues Vaterland* (BNV) wird gegründet. Seine Stärke: Er führt konservative, liberale, sozialistische Friedensbewegte zusammen. Jedoch hielt auch die Reichsleitung des BNV in diesem Krieg einen „Siegfrieden" für möglich. (Anfang 1916 wird der BNV durch ein Betätigungsverbot kaltgestellt, deshalb Gründung der Zentralstelle Völkerrecht, 1922 Deutsche Liga für Menschenrechte.)

Für 1.-5. August 1914 war das internationale Treffen „Die Kirchen und Freundschaftliche Beziehungen zwischen den Nationen" in Konstanz geplant. Es musste wegen des Kriegsbeginns auf die Tage des 1. bis 2. August verkürzt werden und führte doch zur Gründung des *„Weltbundes für Freundschaftsarbeit der Kirchen"*, der bis 1948 impulsgebend tätig werden sollte.

Bereits im Juli 1914 hatte in der Evangelischen Landeskirche Baden (Konstanz gehört zum Gebiet der Badischen Landeskirche) eine mehrtägige Synode stattgefunden, bei der u. a. die Einführung und Gestaltung eines Friedenssonntages auf der Tagesordnung standen. Auf dieser Synode wurde das bevorstehende internationale Treffen in Konstanz mit keinem Wort erwähnt.

Am 3. August 1914 versprachen sich Henry Hodgkins und Friedrich Siegmund-Schultze auf dem Kölner Hauptbahnhof persönlich, sich für Friedensarbeit in ihren Ländern einzusetzen. Im Dezember wurde der englische Zweig des *Versöhnungsbundes* gegründet. Wann der deutsche Zweig ganz genau entstand, ob erst 1919 oder bereits früher, das ist bisher noch nicht *genau* zu ermitteln gewesen.

1919 erfolgte die *Gründung des Internationalen Versöhnungsbundes* in Bilthoven, Niederlande.

Für den 11. August 1914 war ein Treffen der Führer der einzelnen nationalen Sektionen der *Internationalen Katholischen Liga* beim Bischof in Lüttich vorgesehen. Das Treffen kam jedoch wegen des Kriegsausbruches nicht mehr zustande.

Oktober 1914: Der *„Aufruf an die Europäer"* von Georg Friedrich Nicolai, Albert Einstein, Wilhelm Forster, Otto Buek richtete sich gegen den Aufruf der 93 *„An die Kulturwelt"*. Im „Aufruf an die Kulturwelt" hatten zuvor 93 namhafte Wissenschaftler den Krieg (nebst Militarismus) verteidigt. Im *Aufruf an die Europäer* haben dagegen vier namhafte Wissenschaftler dem Krieg heftig widersprochen und ihre Stimme für eine neue europäische Basis erhoben.

Der Rat des bereits bestehenden *Internationalen Friedensbüros* bestand vor allem aus Mitgliedern der kriegführenden Länder. Spannungen traten auf und es wurden Wege gesucht, dennoch weiter zusammen tätig zu bleiben: keine politischen Tätigkeiten, sondern vor allem Dienste für Kriegsgefangene.

Die Gründung des Versöhnungsbundes erfolgte also im Zusammenhang mit anderen Anstrengungen der Friedens-Bewegung, den Krieg noch zu verhindern oder wenigstens gegen ihn zu protestieren.

Wenn von „Pazifismus" im Ersten Weltkrieg gesprochen wird, fungiert der Begriff hier als ein Dach für verschiedene Strömungen:[139] Die Motivationen sind verschieden, die Ziele, die Wege, die Mittel, die Reichweite (persönliche Entscheidung oder/und national gedacht oder auch internationale Wirkungen) ebenfalls. Am Ende des 1. Weltkrieges gehörten mehr und andere Formen des Pazifismus zum Repertoire der Friedens-Bewegung.

Kriegsdienstverweigerung[140] gab es in Deutschland zu Beginn des 1. Weltkrieges kaum, obwohl sich damals die Strafen noch in

---

[139] Z. B. bei Karlheinz LIPP, Pazifismus im Ersten Weltkrieg, Herbolzheim 2004. Insofern eignet sich der Begriff nur dann, wenn er klar definiert ist. Außerdem wird der Begriff „Pazifisten" oft zur Diffamierung von Gegnern von Krieg und Gewalt im Sinne von „Passivisten" und Drückebergern verwendet. – *pacificus* (Friedensstifter), *pacificare* (Frieden schaffen) führte zu dem Kunstwort „Pazifismus", im 1. Weltkrieg ein Begriff ohne klare Bedeutungsbeschreibung. Pazifismus kann als enger Begriff bedeuten: Gewalt ist kategorisch ausgeschlossen, als engerer Begriff: keine Anwendung kriegerischer Gewalt und als weiter Begriff: die Institution des Krieges überwinden. Mit Pazifismus kann ein *Ziel* beschrieben werden, eben die Institution des Krieges zu überwinden, wobei als Mittel durchaus Gewalt eingesetzt werden kann, und Pazifismus kann als *Mittel* verstanden werden, wobei Gewalt als Mittel zu allen Zielen ausscheidet. Beim Pazifismus wird nach *Gründen* und *Wegen* unterschieden: wirtschaftlicher, religiöser, bürgerlicher, sozialistischer, wissenschaftlicher, organisatorischer (Globalisierungsgedanke z. B.), radikaler, antimilitaristischer, revolutionärer, anarchistischer, Atom- oder Nuclear-Pazifismus. Nach Karl Holl ist der 1. Weltkrieg ein „Zusammenbruch der pazifistischen Utopie" (Quelle: ‚Pazifismus' bei Wikipedia, gelesen am 8.2.2014). Andere dagegen sagen: Durch den 1. Weltkrieg ist der Pazifismus aus der Nische an die Öffentlichkeit getreten. – 1901 forderte der französische Präsident der „Ligue internationale de la Paix et de la Liberté", Èmile Arnaud, die Verwendung dieses Begriffes mit der Begründung: *„Wir sind nicht nur friedlich, wir sind nicht nur friedfertig, wir sind nicht nur friedensstiftend. Wir sind alles zusammen und noch mehr: Wir sind, in einem Wort: Pazifisten."* (Gemeinsam für Gewaltfreiheit und Versöhnung, Broschüre für 100 Jahre für Gewaltfreiheit, hrsg. von FOR Schweiz, 2014, S. 4.)

[140] Kriegsdienstverweigerung beinhaltet die Entscheidung einer Person, nicht an Kriegshandlungen teilzunehmen. Unterschieden wird zwischen Kriegs- und

Grenzen hielten. Jedoch wurden zwischen 1914 und 1920 mindestens 346 Soldaten standrechtlich erschossen.[141] Die offiziellen Gründe: Fahnenflucht, Feigheit vor dem Feind, Spionage, Kriminalität (Mord).[142] Nicht bekannt ist, wie viele Soldaten aus Friedenswillen desertiert sind.[143] Während des Krieges hat die Zahl der Kriegsdienstverweigerer in Deutschland zugenommen, und 1921 kommt es im Zusammenhang mit der Gründung des Internationalen Versöhnungsbundes in Bilthoven / Niederlande zur Gründung von War Resisters International (WRI). In Großbritannien gab es 16.000 Verweigerer,[144] in den USA nach 1916 ca. 60.000, in der UdSSR etwa 1000 …[145]

1915 ereignete sich in Äquatorialafrika, in der Gegend um Lambarene, eine folgenreiche Entdeckung. Albert Schweitzer und seine

---

Wehrdienstverweigerung, wo die Pflicht zum Kriegs- oder Wehrdienst bestand – zugunsten eines Ersatzdienstes, wo es diese Möglichkeit gab -, und der Totalverweigerung, die auch alle Ersatzdienste ablehnte. Kriegsdienstverweigerer finden sich bereits einige in der römischen Armee (vgl. Thomas GERHARDS, Hg.: Pazifismus und Kriegsdienstverweigerung in der frühen Kirche. Eine Quellensammlung, Sechste Auflage, Uetersen 1991), später Katharer, Waldenser, Franziskaner und -tertiaren, Böhmische Brüder, Teile der Täuferbewegung, Schweizer Brüder, Hutterer, Mennoniten, Quäker, Brethren. Vor 1918 finden sich in Europa kleine christliche Gruppen: Adventisten, Duchoborzen, Evangelisten, Molkianer, Nazarener, Tolstojaner … Nach dem Krieg gab es verschiedene Bünde, die sich der Kriegsdienstverweigerung verschrieben: z. B. Bund der Kriegsdienstgegner, Kreis jüdischer Pazifisten, Großdeutsche Volksgemeinschaft, Gruppe revolutionärer Pazifisten, Friedensbund deutscher Kriegsteilnehmer.

[141] Bildband von Max ARTHUR, Der Erste Weltkrieg. Das wahre Gesicht des Schreckens, Augsburg 2008, S. 225.

[142] Ebd.

[143] Vgl. z. B. den Landwirt Dominik Richert, der im April 1916 desertierte; s. Karlheinz LIPP/Reinhold LÜTTGEMEIER-DAVIN/Holger NEHRING (Hg.), Frieden und Friedensbewegung in Deutschland 1892 – 1992. Ein Lesebuch, Essen 2010, S. 114f.

[144] Die Quäker erreichten Ersatzdienste. Wer auch diese verweigerte (6000) kam ins Gefängnis und in unmenschliche Haftbedingungen, so dass 3750 dann doch noch Ersatzdienste leisteten. Vom Rest starben 69 in oder an den Folgen der Haft. J. BOYNE schildert in seinem Buch „Das späte Geständnis des Tristan Sadler" 2012 (2. Auflage) das Schicksal von drei englischen Kriegsdienstverweigerern: einer wird von seinen Vorgesetzten umgebracht, als der Bewilligungsbescheid eintrifft; einer wird an vorderster Front Verletzte und Tote bergen und kommt um; einer verweigert aus dem Dienst heraus und wird von den eigenen Leuten standrechtlich erschossen.

[145] ‚Kriegsdienstverweigerung', Wikipedia – gelesen am 20.2.2014.

Frau Helene waren als Deutsche zu Kriegsgefangenen erklärt worden und unterstanden zunächst der Bewachung einheimischer Soldaten, bevor sie in Frankreich interniert wurden. Im September 1915 wird Albert SCHWEITZER zu einer Kranken gerufen, die 200 Kilometer weiter entfernt wohnte. In seinem Buch „*Aus meinem Leben und Denken*" (1931) teilt er darüber folgende Erinnerungen mit:

„Langsam krochen wir [auf einem voll beladenen Schleppkahn – E.B.] *den Strom hinauf ... Geistesabwesend saß ich auf dem Deck ..., um den elementaren und universellen Begriff des Ethischen ringend, den ich in keiner Philosophie gefunden hatte. Blatt um Blatt beschrieb ich mit unzusammenhängenden Sätzen, nur um auf das Problem konzentriert zu bleiben. Am Abend des dritten Tages, als wir bei Sonnenuntergang gerade durch eine Herde Nilpferde fuhren, stand urplötzlich, von mir nicht geahnt und nicht gesucht, das Wort ‚Ehrfurcht vor dem Leben' vor mir. Das eiserne Tor hatte nachgegeben: der Pfad im Dickicht war sichtbar geworden. Nun war ich zu der Idee vorgedrungen, in der Welt- und Lebensbejahung und Ethik miteinander enthalten sind! Nun wußte ich, daß die Weltanschauung ethischer Welt- und Lebensbejahung samt ihren Kulturidealen im Denken begründet sind."*[146]

Diese Entdeckung und ihre Entfaltung hatte weitreichende Folgen in der Geistesgeschichte, der Friedens-Bewegung und in vielen anderen Lebensbereichen.

Die Friedens-Bewegung wurde während des Krieges verfolgt – boykottiert, diffamiert, denunziert, durchsucht, verhaftet, und von der Zensur verboten, bis zum Belagerungszustand – und gewann doch zunehmend an Intensität. Demonstrationen aus Hunger und

---

[146] Günther STOLZENBERG, Tolstoi, Gandhi, Shaw, Schweitzer. Harmonie und Frieden mit der Natur, Göttingen 1992, S. 118f. – *Albert Schweitzer* (1875-1965), Arzt, Theologe, Musiker und Musikwissenschaftler, 1900 Doktorarbeit über das Abendmahlsproblem; später: Geschichte der Leben-Jesu-Forschung, 1905 Gedanken zur Arbeit in den Kolonien, 1912 Heirat mit Helene Bresslau, 1913 Dr. med.; Prediger in Straßburg; Arbeit in Äquatorialafrika, Lambarene, 1918-1919 Internierung in Frankreich, Orgelkonzerte und Buch zu J. S. Bach, 1924 wieder Lambarene mit Zwischenaufenthalten in Deutschland und Reisen, 1940 Gründung von Gabun, Verfolgung und Flucht der jüdischen Ehefrau aus Deutschland nach Lambarene, 1953 Friedensnobelpreis, Wirksamkeit in Lambarene bis zum Tod.

politischen Gründen, Maßnahmen gegen protestierende Frauen, Flugblattaktionen, Proteste gegen Kriegsanleihen, Zeitungsumfragen für sofortigen Frieden, Eingaben an den Reichstag, General- und Jugendstreiks, Versammlungen von Friedensgruppen – all das ist aus den Kriegsjahren bei Karlheinz Lipp ausführlich dokumentiert.[147] Dabei geht etwa aus dem neuen Programm des Bundes Neues Vaterland (BNV) von 1918/19 schon eine deutliche Erweiterung der Ziele hervor: Mitarbeit an der Völkerversöhnung (nicht nur durch Staatsmänner), Abschaffung jeder Gewalt- und Klassenherrschaft, Kampf für Menschenrechte, Demokratie und soziale Gerechtigkeit, Mitarbeit an der Verwirklichung des Sozialismus, Kultur der Persönlichkeit.[148] 1922 wird aus dem BNV die „Deutsche Liga für Menschenrechte".

1915 und 1917 rief Papst Benedikt XV. die Staatsoberhäupter der kriegführenden Staaten zum Frieden auf.

„In seiner ‚Allorché fummo chiamati' vom 28. Juli 1915 bezeichnete Benedikt XV. den Krieg als ‚grauenhaft nutzlose Schlächterei' (‚horrenda carneficina'), was in der deutschen Übersetzung zu einem ‚entsetzlichen Kampf' abgemildert wurde, in anderen Übersetzungen (wie in Karl Kraus, Die letzten Tage der Menschheit, I. Akt, 27. Szene) aber immerhin als ‚fürchterliches Morden' erscheint.

[Benedikt XV.:] ‚Im heiligen Namen Gottes, unseres himmlischen Vaters und Herrn, um des gesegneten Blutes Jesu willen, welches der Preis der menschlichen Erlösung gewesen, beschwören Wir Euch, die Ihr von der göttlichen Vorsehung zur Regierung der kriegsführenden Nationen bestellt seid, diesem fürchterlichen Morden, das nunmehr seit einem Jahr Europa entehrt, endlich ein Ziel zu setzen. Es ist Bruderblut, das zu Lande und zur See vergossen wird. Die schönsten Gegenden Europas, dieses Gartens der Welt, sind mit Leichen und Ruinen besät. Ihr tragt vor Gott und den Menschen die entsetzliche Verantwortung für Frieden und Krieg. Höret auf Unsere Bitte, auf die väterliche Stimme des Vikars des ewigen und höchsten Richters, dem Ihr werdet Rechenschaft ablegen müssen. Die Fülle der Reichtümer, mit denen Gott der

---

[147] Karlheinz Lipp/Reinhold Lüttgemeier-Davin/Holger Nehring (Hrsg.), Frieden und Friedensbewegungen in Deutschland 1892-1992, Essen 2010.
[148] Ebd., S. 99.

Schöpfer die Euch unterstellten Länder ausgestattet hat, erlauben Euch gewiss die Fortsetzung des Kampfes. Aber um was für einen Preis? Darauf mögen die Tausende junger Menschenleben antworten, die alltäglich auf den Schlachtfeldern erlöschen'."[149]

Das Friedensmanifest des Papstes von 1917 enthält neben dem Appell auch konkrete Vorschläge[150]:

„Gegen Ende des ersten Kriegsjahres richteten Wir an die kämpfenden Völker die eindringlichsten Mahnungen und wiesen ihnen auch den Weg zu einem dauernden und für alle ehrenvollen Frieden. Leider verhallte Unser Ruf, ohne Gehör zu finden, und der Krieg tobte erbarmungslos zwei weitere Jahre fort, mit allen seinen Greueln, ja sogar mit gesteigerter Grausamkeit und dehnte sich weiter aus vom Festland aufs Meer und bis in die Lüfte.

---

[149] Wikipedia zu *Benedikt XV.*, gelesen am 20.2.2014. „Die Veröffentlichung der Exhortatio in einer neuen Übersetzung im Jahre 1931 veranlasste Kurt Tucholsky zu der Polemik, in welcher der umstrittene Satz ‚Soldaten sind Mörder' geprägt wurde." – „Die Aussage *‚Soldaten sind Mörder'* stammt aus der Glosse *Der bewachte Kriegsschauplatz*, die Kurt Tucholsky 1931 in der Zeitschrift *Die Weltbühne* publizierte. Unter dem Pseudonym *Ignaz Wrobel* schrieb er: ‚Da gab es vier Jahre lang ganze Quadratmeilen Landes, auf denen war der Mord obligatorisch, während er eine halbe Stunde davon entfernt ebenso streng verboten war. Sagte ich: Mord? Natürlich Mord. Soldaten sind Mörder.' Kurt Tucholsky. – Der verantwortliche Redakteur Carl von Ossietzky wurde daraufhin 1932 wegen ‚Beleidigung der Reichswehr' angeklagt, jedoch freigesprochen mit der Begründung, dass keine konkreten Personen gemeint gewesen seien und eine unbestimmte Gesamtheit nicht beleidigt werden könne. In den folgenden Jahrzehnten wurde der Satz zu einer Parole von Pazifisten und Antimilitaristen" (Wikipedia zu Kurt Tucholsky, gelesen am 20.2.2014). Dass von Soldaten als Mördern bereits 1928 die Rede war, ist bisher kaum bekannt. (Siehe in der vorliegenden Darstellung unter →Punkt 8 die Ausführungen zu Günther Dehn.)

[150] Im Mai 1917 hat Max Joseph Metzger ein 12-Punkte-Friedensprogramm geschrieben. Es fand unter der katholischen Bevölkerung wenig Resonanz. Metzger trug die Punkte dem Nuntius vor, sie gelangten zu Benedikt XV. und wurden positiv aufgenommen: Ende des nutzlosen Blutvergießens; dauerhafter Weltfriede; Aufgeben des sinnlosen Wettrüstens; Konzentrieren der Mittel auf positive Kulturaufgaben; eingeschränkte Rüstungskredite; Neuordnung der Erziehung der heranwachsenden Jugend; Chauvinismus ausschalten; Hilfsbereitschaft und soziale Verantwortlichkeit sollten stimuliert werden. (Konrad BREITENBORN, Der Friedensbund Deutscher Katholiken, Berlin 1981, S. 14.)

Vernichtung und Tod warf er auf unbefestigte Städte, auf friedliche Dörfer und deren unschuldige Einwohnerschaft. Niemand vermag sich auch nur vorzustellen, wie die Leiden aller sich vermehren und erschweren würden, wenn diesen blutüberströmten drei Kriegsjahren sich noch weitere Monate anschlössen, oder gar, was das Schlimmste wäre, weitere Jahre. Soll denn die zivilisierte Welt nichts mehr sein als ein Leichenfeld. Europa, so glorreich und blühend, soll es denn wie vom allgemeinen Wahnsinn erfaßt, dem Abgrund zustürzen, Selbstmord begehen?"[151]

Benedikt XV. unterbreitet als Vorschläge:

- Recht statt Waffen, Abkommen statt Rüstung;
- Schiedsgericht statt Heere, um Konflikte zu lösen;
- Verzicht auf Schadenersatz und Kriegskosten;
- Rückgabe aller besetzten Gebiete.

Auch dieser Aufruf verhallte unbeachtet bei Staatsmännern – und katholischer Kirche. Nur wenige Katholiken sahen in den päpstlichen Friedenserklärungen bereits 1917 eine Aufforderung, mit konkreter Friedensarbeit zu beginnen. Und doch: An Versuchen, eine katholische Friedens-Bewegung ins Leben zu rufen, hat es nicht gefehlt.[152]

---

[151] Karlheinz LIPP, Pazifismus im Ersten Weltkrieg. Ein Lesebuch, Herbolzheim 2004, S. 72f.

[152] 1913 beim Friedenskongress in Den Haag wurde die Gründung einer deutschen Sektion der Internationalen Katholischen Liga beschlossen, die jedoch erfolglos blieb. – Ein Treffen 1914 kam wegen des Kriegsausbruches nicht zustande. – 1916 gründet Max Joseph Metzger in Graz das „Weltfriedenswerk vom Weißen Kreuz", den späteren „Weltfriedensbund vom Weißen Kreuz". Von ihm gehen Impulse aus durch Veröffentlichungen, Vorträge, persönliches Vorsprechen, Denkschriften, Eingaben und durch die Teilnahme an der Internationalen Friedenskonferenz in Bern 1917 und der Völkerbundkonferenz 1919. Trotz ihres engagierten Wirkens fand die Arbeit des Bundes kaum Resonanz in der katholischen Welt. – 1917 wird eine Schrift von Kaplan Magnus JOCHAM beschlagnahmt: *„Wir Christen und das päpstliche Friedensprogramm". –* Für 1916/17 war die Gründung des Friedensbundes Deutscher Katholiken (FDK) geplant, der Gründungsaufruf kam jedoch erst zum 14.2.1919 zustande. – Weihnachten 1919 erging ein Aufruf des Weltfriedensbundes vom Weißen Kreuz zur Überwindung der Waffengewalt. Max Joseph Metzger berief am 2.10.1919 ein Treffen nach München ein, wo sich der FDK dann konstituierte. 1923 dann die endgültige organisato-

1919 gründen diese Wenigen – Kaplan Magnus Jocham (1886-1923), Josef Kral, Franziskus Maria Stratmann (1883-1971), Max Josef Metzger (1887-1944) und Walter Dirks (1901-1991) – den Friedensbund Deutscher Katholiken, den Vorläufer unseres heutigen „Pax Christi" (gegründet 1948). Am 2.10.1919 erschien der Gründungsaufruf und die provisorische Konstitution des Bundes erfolgte. 1921 fand in Konstanz die erste katholische Konferenz mit Teilnehmenden aus deutschsprachigen Ländern statt. 1923 erfolgte die endgültige Konstituierung.

Konrad Breitenborn resümiert: *„Das Wirken der katholischen Pazifisten bestand vor allem in der konsequenten Befolgung der christlichen Gebote, im Beten für den Frieden sowie in praktischer Arbeit. Unter letzterem verstanden sie ‚ein tatkräftiges und ausdauerndes Eintreten für die Politik der friedlichen Verständigung, die Verbreitung geeigneter Schriften und die Werbung für die organisierte Friedensbewegung, insbesondere der katholischen Friedensorganisationen.'"*[153]

Über die Veränderungen der Einstellungen zum Krieg heißt es im Blick auf eine Reihe von deutschen Malern: *„Der Ausbruch des 1. Weltkrieges 1914 war nicht nur für Heinrich Vogeler eine Möglichkeit, Warten und Stillstand zu entkommen. Viele Künstler, unter ihnen Franz Marc, August Macke, Otto Dix, Max Pechstein, Ludwig Kirchner, auch*

---

rische Konstituierung des FDK: *„Es ist beabsichtigt, während des Katholikentages die katholischen Friedensfreunde zusammenzuladen, die sich der Erziehung der deutschen Katholiken zur Friedensgesinnung widmen wollen. – Die Vereinigung könnte den Namen führen: ‚Pax Christi' oder ‚Occidens paccantus' oder ‚Salus Christianorum'. Ihre Aufgabe wäre es, herauszuarbeiten, aus welchen sittlich-religiösen Gründen Jung und Alt zur christlichen Friedensgesinnung geführt werden müßten, wobei auch die wirtschaftlichen und kulturellen Gesichtspunkte von Sachkundigen studiert werden müßten. – Als Mitglieder der Vereinigung kämen in Frage Abgeordnete, Geistliche, Lehrer aller Schulgattungen und andere Volksfreunde. Als Organ könnten die ‚Nachrichten aus dem katholischen Deutschland' zunächst dienen, die dann einen entsprechenden Titel erhalten würden. – Wenn diese Erziehungsarbeit am deutschen Volke organisiert ist, würden wir auch andere Völker für solche Erziehungsarbeit in ihrer Heimat zu gewinnen suchen.* (Historisches Archiv des Erzbistums Köln, G 23,59)." (Beate HÖFLING, Katholische Friedensbewegung zwischen zwei Kriegen. Friedensbund Deutscher Katholiken 1917-1933. Waldkirch 1979, S. 12; weiterhin: *75 Jahre katholische Friedensbewegung in Deutschland.* Zur Geschichte des „Friedensbundes Deutscher Katholiken" und „Pax Christi". Idstein o.J.)

[153] Konrad BREITENBORN, Der Friedensbund Deutscher Katholiken, Berlin 1981, S. 39f.

Heinrich Vogeler und … Curt Störmer, zogen in einen Krieg, der ihnen die Erfüllung ihrer Sehnsucht nach großen Veränderungen versprach. Nicht der nationalistische Taumel und das wahnhafte Streben nach einer Großmachtrolle Deutschlands, die große Bevölkerungsteile des Kaiserreiches befallen hatten, brachten Vogeler dazu, sich am 7. August 1914 freiwillig zu den Oldenburger Dragonern zu melden. Seine Beweggründe waren individueller Natur: Er wollte seinem Leben einen neuen Sinn geben. ‚Ich ziehe hinaus, um zu leben. Ich suche das Leben, das an anderer Stelle ungewertet verkümmert.‘ Aber auch seine bei Kriegsbeginn noch vorhandene, religiös verklärte Sehnsucht nach einer neuen Ordnung … bestimmte Vogeler, den Dienst aufzunehmen."[154]

Vogelers Vertrauen in die ersehnte Erneuerung durch den Krieg schwand angesichts der politischen und militärischen Verführung, der Korruption und Unterschlagung durch die Offiziere und durch die Kriegslügen (Überfall auf das neutral Belgien). Er fordert das Ende des sinnlosen Blutvergießens, auch direkt in den Offizierskreisen, in denen er zu tun hatte. 1917 keimte mit der russischen Oktoberrevolution die Hoffnung auf eine neue Gesellschaftsordnung in ihm auf. Angesichts der Verlogenheit des „Friedens" von Brest-Litowsk *„schrieb er in der Nacht zum 11. Januar 1918 einen gleichnishaften Appell an den deutschen Kaiser. In diesem Märchen vom lieben Gott schildert Vogeler einen Mann, der Friedensflugblätter auf dem Potsdamer Platz verteilt, verhaftet und als Landesverräter hingerichtet wird. Der Verurteilte war Gott, der daraufhin als alter, ärmlicher Mann zum Kaiser kommt und ihn auffordert, Friedensfürst zu sein und dem sinnlosen Sterben ein Ende zu bereiten. Einen Brief mit dem Märchen schickte Vogeler noch in der gleichen Nacht an Kaiser Wilhelm II. Und einen weiteren am 23. Januar 1918 an den Generalstabschef Erich von Ludendorff. Vogeler hatte sich seinen Schrei nach Frieden von der Seele geschrieben, er war glücklich und fühlte sich befreit, ohne sich um die Konsequenzen zu sorgen. Die Militärführung war empört. Ludendorff forderte gar die sofortige Erschießung*

---

[154] Siegfried BRESLER, Heinrich Vogeler, Reinbeck b. Hamburg 1996, S. 57f. – *Heinrich Vogeler* (1872-1942), geb. in Bremen, Kunststudium, Reisen, 1908 Gründung der Worpsweder Werkstätten, 1914 Kriegsfreiwilliger, 1915 Einsatz an der Ostfront, 1918 Januar: Friedensappell: *Das Märchen vom lieben Gott*, 63 Tage Irrenanstalt; danach Mitarbeit beim Arbeiter- und Soldatenrat, pazifistische Vorträge; Rußlandreisen, KPD-Mitgliedschaft, malerisches Schaffen, Verarmung und Tod in Kasachstan.

des Renegaten. Das öffentliche Ansehen Vogelers ließ eine solche Lösung jedoch nicht zu. Am 30. Januar erschienen ein Unteroffizier und ein Soldat auf dem Barkenhoff. Vogeler empfing sie freundlich, und bevor sie ihn abführten, las er ihnen das Märchen vom lieben Gott vor, damit sie wußten, warum sie ihn mitnehmen sollten. Vogeler wurde in die Bremer Irrenanstalt Ellen eingeliefert. Im Gutachten attestierte man ihm eine ‚Stimmungsanomalie‘ und ein ‚manisch depressives Irrsein‘ und stellte ein ‚Dienstunbrauchbarkeitszeugnis‘ aus."[155]

Nach dem Krieg kam es u. a. zu weiteren Gründungen von Friedens-Bewegungen und zu Bündelungen von Kräften z. B. in einem Friedenskartell (IFOR, Friedensbund Deutscher Katholiken, DFG, Bund religiöser Sozialisten[156]). Gemeinsam unterstützten sie die Arbeit des 1920 gegründeten Völkerbundes, verurteilten die Aufrüstung, protestierten gegen sie[157] und setzten sich für eine profilierte Friedenserziehung ein.

FRIEDENSVEREINE IN DEUTSCHLAND[158]
(NACH DEM KRIEG)

Deutsch Liga für Völkerbund	pazifistisch
Verband für internationale Verständigung	pazifistisch

---

[155] Ebd., S. 61f. Selbstzeugnis zur Entstehung des u. a. auch im Sammelband „Frieden im Niemandsland" (Norderstedt 2021) dokumentierten Textes ‚Märchen vom lieben Gott': *„Es kann nicht so weitergehen. Das Leben hat keinen Sinn mehr. Eine Abwendung von dem Vergangenen muss kommen. So ist kein Aufbau und keine Aussicht mehr. … Nachts wanderte ich durch die Bibliothek, …, die so recht zu inniger Konzentration zwang. Es war stille dunkle Nacht, da begann ich zu schreiben …"* (Heinrich VOGELER, Werden. Erinnerungen mit Lebenszeugnissen aus dem Jahren 1923-1942, Berlin 1989, S. 203f). Vgl. jetzt auch: Bernd STENZIG, Das Märchen vom lieben Gott. Heinrich Vogelers Friedensappell an den Kaiser im Januar 1918, Bremen 2018.

[156] Auch hier erfolgt eine Differenzierung (und Schwächung?): Religiös-soziale Gruppen entstehen neu, 1926 der Bund religiöser Sozialisten Deutschlands, ein Bund sozialistischer Kirchenfreunde, ein Bund neue Kirche.

[157] Bereits in der Weimarer Zeit rüstete die Reichswehr groß auf.

[158] Karlheinz LIPP u. a., Frieden und Friedensbewegung in Deutschland 1892-1992. Ein Lesebuch, Essen 2010, S. 27; mit zwei Ergänzungen (1) nach Wilfried EISENBEIß, Die bürgerliche Friedensbewegung in Deutschland während des Ersten Weltkrieges, Frankfurt/M 1980.

Interparlamentarische Union	Völkerverständigung durch Parlamentarier (1)
Bund der Kriegsdienstgegner	Kriegsdienstverweigerung (KDV)
Friedensbund der Kriegsteilnehmer	KDV
Gruppe Revolutionärer Pazifisten	KDV
Liga gegen koloniale Unterdrückung	KDV
Liga gegen Imperialismus	KDV
Friedensbund Deutscher Katholiken	katholisch
Großdeutsche Volksgemeinschaft	katholisch
Katholische Weltjugendliga	katholisch
Bund Religiöser Sozialisten	protestantisch
Vereinigung der Freunde von Religion und Völkerfrieden	protestantisch
Deutsche Friedensgesellschaft (DFG)	konfessionsübergreifend
Bund Neues Vaterland	konfessionsübergreifend
Religiöse Gesellschaft der Freunde (Quäker)	konfessionsübergreifend
Vereinigung Gleichgesinnter (1)	
Internationale Frauenliga für Frieden + Freiheit	Frauen
Bund für Mutterschutz	Frauen
Weltjugendliga	Jugendliche
Deutscher Pazifistischer Studentenbund	Jugendliche
Freie Aktivist Jugend Deutschlands	Jugendliche
Bund freier sozialistischer Jugend	Jugendliche
Bund Entschiedener Schulreformer	Kulturpolitische Vereine
Deutscher Monistenbund	Kulturpolitische Vereine
Freideutscher Bund	Kulturpolitische Vereine
Bund für radikale Ethik	Kulturpolitische Vereine

In einer Liste *„Lose Vereinigung"* evangelischer Friedensfreunde vom 25. Februar 1918 tauchen neben dem Geschäftsführer Karl Aner aus Berlin-Charlottenburg inmitten von 224 Mitgliedern auch Namen aus der heutigen Evangelischen Kirche in Mitteldeutschland (EKM) auf:

Ernst Böhme, Kunitz
Pfr. Donndorf, Sollstedt bei Nordhausen
Kirchenrat Gerlach, Gräfenthal
Dr. med. Gröpler, Bad Suderode
Pfr. Herrmann, Neustadt/Orla
Dr. Lindt, Bitterfeld
Geheimer Regierungsrat Meier, Schleiz
Pfr. Pauli, Weißenfels
Pfr. C. Rade, Steinbach-Hallenberg,
Prof. Schünke, Halberstadt

Im Anschreiben von Karl Aner heißt es dazu: *„Wenn wir eine ,Vereinigung evangelischer Friedensfreunde' erstreben, so geschieht es … einmal, um die bewußt evangelischen Kreise für die Friedensidee zu erwärmen und zweitens, um dafür zu sorgen, dass in der nach dem Kriege einsetzenden pazifistischen Hochflut die evangelische und echt-nationale Strömung nicht fehle."*[159]

LOKALE VERTEILUNG VON EINIGEN FRIEDENSGRUPPEN
IN DEUTSCHLAND:

Arbeitsgemeinschaft für eine Politik des Rechts, *Heidelberg*
Amerika Institut, *Berlin*
Bund Neues Vaterland, *Berlin*
Deutscher Frauenausschuss für einen dauernden Frieden, *München*
DFG, *Berlin* und *Stuttgart*
Deutsche Gesellschaft für Völkerrecht, *Kiel*
Deutsche Kommission für christliches Völkerrecht, *Münster*
Internationaler Jugendbund, *Göttingen*
Johanneser Kurhaus, *Zellerfeld/Harz*
Internationale Organisation „Die Menschlichen", *Mannheim*
Internationalistische Studentengruppe, *Berlin*
Internationale Vereinigung für vergleichende Rechtswissenschaft und Volkswirtschaftslehre, *Berlin*
Landesverein Württemberg der DFG, *Stuttgart*
Institut für Internationales Recht, *Kiel*

---

[159] EZAB 51/F II a 7.

Institut für Seeverkehr und Weltwirtschaft, *Kiel*
Liga zur Förderung der Humanität, *Berlin*
Die Pazifisten von 1918, *Frankfurt/M*
Bund für Kulturpolitik, *Berlin*
Politischer Rat geistiger Arbeiter (DFG), *Berlin*
Verband für internationale Verständigung, *Frankfurt/M*
Prof. Schücking, *Marburg*
Zentralstelle für Völkerrecht, *Berlin-Charlottenburg*
DFG *Königsberg.*

Von der DFG gab es damals 52 Ortsgruppen, davon im Gebiet der Evangelischen Kirche in Mitteldeutschland (EKM) fünf: Eisenach, Erfurt, Gera, Gotha, Jena.[160]

Im Nein gegen den Krieg waren sich viele einig: PazifistInnen, SozialistInnen, SozialdemokratInnen, Liberale, GewerkschafterInnen, ChristInnen. *Wie* die künftige Friedensordnung aussehen sollte, darin gingen die Ansichten und Wege jedoch oft weit auseinander.[161] So war der Druck auf Entscheidungen von Regierung und Parlament eher schwach. Schon ab 1921 kam es aber zu Kooperationen von deutschen und französischen PazifistInnen, die den Willen zur neuen Internationalität der Friedens-Bewegung deutlich zum Ausdruck brachten.[162]

Journalisten wie auch Schriftsteller, z. B. Kurt Tucholsky und Carl von Ossietzky, enttarnten in der Weimarer Zeit die illegalen militärischen Vorbereitungen für einen neuen Krieg und Teile der Friedens-Bewegung trugen zu deren Behinderung bei. 1924 ent-

---

[160] EZAB 51/ F III a 1.

[161] Durch den Krieg erfuhr der Friedensbegriff eine Veränderung vom *Machtfrieden* (Überlegenheit einer Seite) über *Siegfrieden* (militärischer Sieg) hin zum *Rechtsfrieden* (Stärke des Rechts statt Recht des Stärkeren) bis hin zum separaten *Win-win-Frieden* mit Russland (Deutschland finanziert die russische Revolution, um Russland aus dem Krieg und die „Hände" frei für die Westfront zu bekommen. Von der Friedens-Bewegung wird der Inhalt von Frieden im eigenen Land (*sozialer Friede, politischer Friede*) und international (*Rechtsfriede*) stärker differenziert und profiliert.

[162] Vgl. dazu auch: Dieter TIEMANN: Deutsch-französische Jugendbeziehungen der Zwischenkriegszeit. Bonn 1989, S. 65-94.

stand durch Ernst Friedrich[163] ein Bilderalbum über die Grausamkeiten des Krieges, die Vorstufe des 1925 gegründeten Anti-Kriegs-Museums.[164]

Insgesamt muss gesagt werden, dass „die große Mehrzahl der christlichen PazifistInnen nicht durch das Evangelium, sondern erst durch die Kriegserfahrung bekehrt wurde."[165]

---

[163] *Ernst Friedrich* (*1894; †1967) gehörte 1916 zur antimilitaristischen Arbeiterjugend und kam wegen Sabotage in einem Rüstungsbetrieb ins Gefängnis. 1919 gründete er ein Jugendheim der „Freien Sozialistischen Jugend" als Treffpunkt für jugendliche und Künstler. 1933 wurde sein Museum von den Nazis geschlossen.

[164] Beeindruckend auch ein Text von Mark TWAIN, Das Kriegsgebet (The War Prayer, 1916): Ein Erzähler schildert das Losziehen der Soldaten, jemand bittet um Segen für die Waffen. Da kommt ein Bote, der beauftragt ist, den Versammelten zu sagen, was sie schweigend mitgebetet haben: *„Herr, unser Vater, unsere jungen Kämpfer, die Helden unserer Herzen, ziehen fort in die Schlacht. Sei Du ihnen nahe! Im Geist sind wir bei ihnen und verlassen den süßen Frieden des heimatlichen Herds, um den Feind zu vernichten. O Herr, unser Gott, hilf uns, mit unseren Granaten die Soldaten des Feindes in blutige Fetzen zu zerreißen. Hilf uns, ihre lieblichen Felder mit den blassen Leichen ihrer Toten zu bedecken. Hilf uns, den Donner der Kanonen mit den Schreien der Verwundeten zu übertönen, die sich winden vor Schmerz. Hilf uns, ihre kümmerlichen Hütten in einem Feuersturm zu verwüsten. Hilf uns, die Herzen ihrer schuldlosen Witwen mit nutzlosem Schmerz zu quälen. Hilf uns, sie obdachlos zu machen, so daß sie mit ihren kleinen Kindern ohne Freunde zu finden die Wüstenei ihres zerstörten Lebens durchwandern in Lumpen, mit Hunger und Durst, ausgeliefert der flammenden Sonne des Sommers und den eisigen Winden des Winters, zerbrochen im Geist, ausgelaugt von Mühen, Dich um die Ruhe des Grabes anflehend, die ihnen doch nicht zuteil wird – um unsertwillen Gott, die wir Dich anrufen, zerstöre ihre Hoffnung, vernichte ihr Leben, verlängere ihre bittere Wanderschaft, erschwere ihre Schritte, tränke mit Tränen ihre Wege, röte den weißen Schnee mit dem Blut ihrer Füße … dies bitten wir, im Geist der Liebe, von IHM, der der Ursprung der Liebe ist, ewig-treu, Zuflucht und Freund für alle in Elend und Not, und so suchen wir Deinen Beistand mit demütigen, zerknirschten Herzen. Amen'* – Und einen Augenblick später: *,Ihr habt es erbeten, sprecht, wenn ihr dieses noch immer verlangt! Der Bote des Höchsten wartet.'* – Man hat später gesagt, daß dieser Mensch wahnsinnig war; denn was er sagte, gab keinen Sinn."

[165] Ullrich HAHN, PazifistInnen organisieren sich, in: Friedensforum 1/2014, S. 40. – Auch Martin NIEMÖLLER (1892-1984) war kaisertreu und deutsch-national erzogen und wurde Offizier in der Kaiserlichen Marine, U-Boot-Kommandant. Noch in seiner Autobiografie der 1930iger Jahre *„Vom U-Boot zur Kanzel"* beschreibt er das Kriegshandwerk „relativ ungebrochen". Erst im Nationalsozialismus verändert er sich, wird Pazifist und geht in den Widerstand. 1917 befand sich Niemöller auf einem U-Boot im Senegal vor Dakar. Dort im Hafen, jedoch auf einem „feindlichen" Schiff, war zur selben Zeit Albert Schweitzer an Bord.

Am 10. Januar 1920 wird in Genf der Völkerbund – Vorläufer der UNO – gegründet, um den Frieden dauerhaft zu sichern. Im Versailler Vertrag vom 28.6.1919 waren die Grundlagen für die Arbeit des Völkerbundes festgelegt worden und damit bereits unter ein schwieriges Vorzeichen gestellt. Die Sieger bestimmten die Bedingungen. Der Völkerbund nahm seine Tätigkeit auf ohne Deutschland und ohne die USA. Er sollte Konflikte lösen, zur Dekolonialisation führen, den Hunger bekämpfen, Flüchtlinge betreuen, Kooperation fördern, in Konflikten vermitteln, die Einhaltung von Friedensverträgen überwachen. Seine Schwächen: Er erreichte nicht alle Völker, beschloss kein absolutes Kriegsverbot (Deutschland rüstete wieder); und das Eigeninteresse von Mitgliedern verhinderte die Umsetzung mancher Beschlüsse. Der Völkerbund brachte jedoch neue Organisationsstrukturen, in denen dann auch Mitglieder von Friedensgesellschaften mitarbeiteten.[166]

Dieser schrieb später: *„Lieber Herr Niemöller, Sie haben mir also tatsächlich aufgelauert und nach dem Leben getrachtet. Wenn es Ihnen geglückt wäre, hätten Sie jetzt einen braven Kumpan weniger im Anti-Atom-Kampf. Da es sich schon so gefügt hat, wollen wir um so besser zusammenhalten. – Ihr ergebener Albert Schweitzer."* (Zit. Welt – Krieg – Gedenken, Materialien: Zentrum Ökumene der Evangelischen Kirche in Hessen und Nassau, Frankfurt 2014).

[166] *„Da war ... die von Elisabeth Rotten begründete Pädagogische Abteilung der Liga für Völkerbund, in deren Zusammenkünften sich nicht nur deutsche Friedensfreunde, wie u. a. der große Entdecker der Relativitätstheorie Einstein, Karl Mennicke und der katholische Studentenseelsorger Pater Sonnenschein und andere, sondern auch ausländische Boten guten Willens trafen. Von dieser Pädagogischen Abteilung der Liga für Völkerbund gingen die Fäden zum Bund entschiedener Schulreformer. Pfingsten 1919 rief uns Martin Buber dann zu sich nach Heppenheim, wo sich Menschen zusammenfanden, die eine Neubesinnung der Volkshochschule, der Volksschule und der höheren Schule anstrebten. Kurz darauf fand dann fünf Jahre nach dem Kriegsbeginn, Anfang August 1919, die erste von Elisabeth Rotten herbeigeführte Begegnung vieler dieser und anderer Erzieher mit der ersten Delegation der englischen und [US-]amerikanischen Quäker (unter ihnen Joan Mary Fry, Helen Fox und Caroline Wood) in Wetzlar statt, an der Männer wie Professor Paul Natorp, Professor Tönnies, Fritz Klatt und der spätere Wirtschaftsminister von Nordrhein-Westfalen, Nölting, als damaliger Vertreter des Pazifistischen Studentenbundes, der Herausgeber der Jüdischen Zeitschrift ,Der Morgen', Goldstein, der geistige Führer der Genossenschaftsbewegung, Staudinger, und so manch andere teilnahmen. Siegmund-Schultze schickte uns damals auch eine kleine Gruppe junger Deutscher zum ersten Mal nach dem Weltkriege, darunter außer mir den jetzigen Heidelberger Theologieprofessor Peter Brunner, Dr. med. Traugott von Stackelberg und die Pfarrvikarin i.R. Gustel Begemann (Eisenach), zu der Young friends Tagung in Jordaens, Eng-*

Und daneben? Nach dem Krieg wird in Deutschland mit der Dolchstoßlegende das alte Lügenmuster wieder aufgefrischt, die Kriegsschuldfrage wird zur Revanche umgedeutet und Kriegsverbrechen aus dem 1. Weltkrieg werden kaum verfolgt.[167] Dafür wird energisch gegen Engagierte und Gruppierungen der Friedens-Bewegung vorgegangen.[168]

„Am 27.8.1928 kam es … zu einem ‚Vertrag über die Ächtung des Krieges‘, den die große Mehrzahl aller damals bestehenden Staaten unterschrieben hat. In diesem Vertrag heißt es in beeindruckender Kürze: ‚Die Hohen Vertragschließenden Parteien erklären feierlich im Namen

---

land, wo wir die weltweite Zusammengehörigkeit im Geiste des Quäkertums erfahren durften. – Es waren die Quäker, die sofort nach Beendigung des ersten Weltkrieges in ihrer wahrhaft christlichen Nächstenliebe zu den ehemaligen Feinden (die für sie nie Feinde waren) kamen; sie haben auch weiterhin in einer Folge von Quäkertagungen uns in unserem Friedenswillen gestärkt. Wie hat hier Siegmund-Schultze aus seiner praktischen Sozialarbeit heraus in der Diskussion immer wieder von der Theorie zur Praxis zu leiten verstanden. Immer wieder hat er in seiner versöhnungsbereiten Geisteshaltung zur echten Versöhnung der Gegensätze beigetragen. Andere wie Eberhard Arnold gingen den Weg der Bruderhof-Siedlung. Auf dem Habertshof bei Schlüchtern sammelten sich die Neuwerkler bei Emil Blum aus der Schweiz.“ (Walther KOCH, Aus den ersten Tagen des Versöhnungsbundes, in: Versöhnung und Friede, hrsg. i. A. des deutschen Versöhnungsbundes von Hans Gressel und Heinz Kloppenburg, Dortmund Juni 1960, S. 17f.)

[167] In Leipzig *„sollten sich 1.000 namentlich genannte deutsche Kriegsverbrecher, zumeist Offiziere des Heeres und der Marine, verantworten. Die Akten dieser Prozesse belegen einerseits, dass es diese von den Alliierten genannten Kriegsverbrechen tatsächlich gegeben hatte, andererseits die Täter äußerst milde behandelt, die meisten Verfahren verschleppt und später eingestellt, viele der Täter freigesprochen oder im Falle der Verurteilung vom Reichspräsidenten begnadigt wurden.“* (Ullrich HAHN, Friedensgeschichte, in: Forum Pazifismus 12/ 2006, S. 37).

[168] *„Von Seiten rechtsnationaler Gruppen mussten prominente Pazifisten um ihr Leben fürchten (und einige kamen bereits um: Karl Liebknecht, Rosa Luxemburg, Hans Paasche, Kurt Eisner, Alexander Futrau, Gustav Landauer…; auf andere wurden Attentate verübt, z. B. von Gerlach, Maximilian Harden; gegen andere gingen Studenten militant vor: z. B. Albert Einstein, Georg Friedrich Nicolai, F. W. Foerster, Emil Julius Gumbel – E.B.). Viele wanderten deshalb aus, so auch Georg Friedrich Nicolai 1922 nach Chile, Friedrich Wilhelm Foerster 1922 in die Schweiz, Kurt Tucholsky 1929 nach Schweden. … Während der Weimarer Zeit wurden 354 namentlich bekannte rechtsradikale Mörder von der deutschen Justiz systematisch gedeckt. Von den 22 ermittelten linksradikal eingestellten Mördern erhielten 10 die Todesstrafe und wurden erschossen“* (Ebd., S.37.)

ihrer Völker, dass sie den Krieg als Mittel für die Lösung internationaler Streitfälle verurteilen und auf ihn als Werkzeug nationaler Politik in ihren gegenseitigen Beziehungen verzichten ...'"[169].

---

[169] Ullrich HAHN, Krieg abschaffen – Frieden entwickeln, Vortrag bei der Jahrestagung des deutschen Zweiges des Internationalen Versöhnungsbundes am 29.5.2015. – Eine Weiterführung dieser Verpflichtung findet sich derzeit noch in der Verfassung Japans, Artikel 9: *„Es ist unser aufrichtiger Wunsch, dass alle Nationen der Welt zueinander in friedlichen Beziehungen stehen, die auf Gerechtigkeit und Ordnung gegründet sind. / Daher verzichten wir, das japanische Volk, für immer auf den Krieg als ein souveränes Recht der Nation. / Als Mittel zur Beseitigung internationaler Konflikte werden wir keinerlei Gewalt androhen und ausüben. / Zu diesem Zweck werden wir von jetzt an niemals wieder Land-, See- und Luftstreitkräfte oder sonstiges Kriegspotential zur Tötung von Menschen unterhalten und keine Organisationen mit kriegerischen Zielen zulassen. Das japanische Volk wird nicht anerkennen, dass das Töten von Menschen im Krieg kein Verbrechen ist. Das Recht auf Kriegsführung wird dem Staat nicht zuerkannt.“*

8.

Erinnerungen und Reflexionen –
„Nacharbeiten" zum Ersten Weltkrieg

Hier ist von weiteren Menschen die Rede, die den Ersten Weltkrieg miterlebt und die daraus Konsequenzen für sich persönlich und für nachfolgende Generationen gezogen haben.

(1) Kriegserinnerungen bekamen nach dem Ersten Weltkrieg eine bedeutendere Rolle als zuvor. Ihr Inhalt entschied mit darüber, was den Menschen wichtig blieb und was sie mit auf ihren Weg nahmen.

KRIEGERDENKMALE zur Erinnerung an die im Krieg „gefallenen" Soldaten entstanden nach dem Ersten Weltkrieg in großer Zahl und gehören bis heute in vielen Dörfern und Städten zum Ortskern. In vielen Kirchen finden sich Kriegertafeln. Oft spiegeln sie „Stolz, Wehrwillen und Revancheabsichten"[170] ihrer Schöpfer wider und schließen zivile Opfer und – ebenfalls tote – Verweigerer der Kriege aus. Wo die Soldaten summarisch zu Helden ernannt werden, bleibt unklar, worin ihre Heldentaten denn genau bestanden. Mit solcher Gedenkkultur wurde damals der nächste Krieg vorbereitet.[171]

Ganz anderes dagegen stellen ERNST BARLACHS[172] Denkmale des Ersten Weltkrieges in Kiel (1922), Güstrow (1927), Magdeburg (1929), Hamburg (1931), sowie die Entwürfe für Stralsund (ab 1926), Malchin und Teterow (um 1929) dar. Sie erzählen von der Umkehr ihres Schöpfers, der erst am Krieg teilnahm und dann zum Kriegsgegner wurde. Die Denkmale erzählen davon, wie viel Leid und Schmerz, wie viel furchtbare Erinnerung, wie viel Verwirrung und

---

[170] Wikipedia zu ,*Kriegerdenkmal'*, gelesen am 20.2.2014

[171] Ausführlicher dazu: *Gedenkt der Toten und lebt für den Frieden!* Lese- und Arbeitsheft zu Kriegerdenkmälern in Baden und der Pfalz, hrsg. von den Arbeitsstellen Frieden der Evangelischen Landeskirche in Baden und Frieden und Umwelt der Evangelischen Kirche der Pfalz, Zuzenhausen 2014.

[172] *Ernst Barlach* (1870-1938), 1915 eingezogen zum Landsturm, wurde bereits 1916 wieder entlassen und entwickelte sich im Verarbeiten des Erlebten zum Kriegsgegner.

Orientierungslosigkeit Krieg bewirkt und was den Menschen damit aufgebürdet wird. Beim Betrachten der Ehrenmale käme niemand auf den Gedanken, sich für einen nächsten Krieg bereit zu finden. Deswegen entfernten die Nationalsozialisten – und diejenigen, die mit ihnen zusammenarbeiteten – solche Denkmale als „entartete" Kunst.[173]

(2) 1918 zieht HERMANN HESSE ein Resümee: *„Dies alles nahm sein Ende in dem großen Kriege, der jahrelang die Welt so furchtbar verwüstete und zwischen dessen Trümmern wir noch stehen, betäubt von seinem Lärm, erbittert von seinem Unsinn und krank von seinen Blutströmen, die durch all unsere Träume rinnen.*

Und der Krieg ging so zu Ende, daß jenes junge blühende Reich, dessen Söhne mit Begeisterung, ja mit Übermut in die Schlachten gegangen waren, zusammenbrach. Es wurde besiegt, furchtbar besiegt. Die Sieger aber verlangten, noch ehe von einem Frieden die Rede war, schweren Tribut von dem besiegten Volk. Und es geschah, daß Tage und Tage lang, während das geschlagene Heer zurückflutete, ihm entgegen aus der Heimat in langen Zügen die Sinnbilder der bisherigen Macht vorgeführt wurden, um dem siegreichen Feind überliefert zu werden. Maschinen und Geld flossen in langem Strom aus dem besiegten Lande hinweg, dem Feind in die Hand. Währenddessen hatte aber das besiegte Volk im Augenblick der größten Not sich besonnen. Es hatte seine Führer und Fürsten fortgejagt und sich selbst für mündig erklärt. Es hatte Räte aus sich selbst gebildet und seinen Willen kundgegeben, aus eigener Kraft und aus eigenem Geist sich in sein Unglück zu finden …

Und aus dem Dunkel dieser Tage leuchtet ein Weg, der Weg, den das geschlagene Volk gehen muß.

Es kann nicht wieder Kind werden. Das kann niemand. Es kann nicht einfach seine Kanonen, seine Maschinen und sein Geld hinweggeben und wieder in kleinen friedlichen Städtchen Gedichte machen und Sonaten spielen. Aber es kann den Weg gehen, den auch der einzelne gehen muß, wenn sein Leben ihn in Fehler und tiefe Qual geführt hat. Es kann sich seines bisherigen Weges erinnern, seiner Herkunft und Kindheit, seines Groß-

---

[173] Wikipedia zu ‚*Kriegerdenkmal*', gelesen am 20.2.2014. – Ilona LAUDAN, Ernst Barlach. Das Denkmal des Krieges im Dom zu Magdeburg, hrsg. von der Evangelischen Domgemeinde Magdeburg 2009.

werdens, seines Glanzes und seines Niederganges, und kann auf dem Weg dieses Erinnerns die Kräfte finden, die ihm wesentlich und unverlierbar angehören. Es muß ‚in sich gehen‘, wie die Frommen sagen. Und in sich, zu innerst, wird es unzerstört sein eigenes Wesen finden, und dies Wesen wird seinem Schicksal nicht entfliehen wollen, sondern ja zu ihm sagen und aus seinem wiedergefundenen Besten und Innersten neu beginnen.

Und wenn es so geht, und wenn das niedergedrückte Volk den Weg des Schicksals willig und aufrichtig geht, so wird etwas von dem sich erneuern, was einst gewesen ist. Es wird wieder ein steter stiller Strom von ihm ausgehen und in die Welt dringen, und die heut noch seine Feinde sind, werden in der Zukunft diesem stillen Strom von neuem ergriffen lauschen.“[174]

(3) ALBERT SCHWEITZER sagte in einer PREDIGT am 1. Dezember 1918 zum Gedächtnis der Toten des Weltkrieges: *„Was sollen wir den Toten noch geloben? Dass ihr Tod nicht nutzlos gewesen … Jetzt, wo wir auf den Krieg als etwas Vollendetes zurückblicken, stehen die, die geopfert wurden, als eine Schar, in der es keine Unterschiede von Waffen und Nationen mehr gibt, die in Leid und Schmerz geeint sind, vor uns und fordern etwas von uns.*

Um unserer Schuld willen sind sie dahingegeben. Zu leicht dachte man in allen Völkern von Wohl und Weh des einzelnen Menschen. Zu gering beurteilte man das Menschenleben, diesen geheimnisvollen, unersetzlichen Wert. Zu leichtsinnig sprach man vom Krieg und dem Elend, das er bringt. Man war gewohnt, so und so viel Menschenleben in Rechnung zu setzen und verherrlichte und besang die Unmenschlichkeit. So kam, was kommen musste, aber tausend und tausendfach schwerer, als man es sich vorgestellt hatte. Und so hässlich und grausig, so voll Elend und Jammer, dass keine Verherrlichung mehr möglich ist, sondern nur Schmerz und Entsetzen bleiben.

Dem Geiste der Mitleidlosigkeit sind geopfert die, derer wir heute über jede Schranke von Nationalität hinaus gedenken. Indem wir uns vor ihnen verbeugen und demütigen, geloben wir, dass der Geist, dem sie geopfert wurden, vernichtet sein soll. Die Gesinnung, in der dieses Menschengeschlecht aufgewachsen ist, wollen wir von uns tun als die große Sünde, an der die Welt litt. Unsere Kinder sollen es von uns erfahren und als Ver-

---

[174] Hermann HESSE, Das Reich, in: ders., Meistererzählungen, Frankfurt/M 1977, S. 175f.

mächtnis in ihr Leben mit hinausnehmen, dass das Gebot ‚Du sollst nicht töten' eine viel tiefere Bedeutung hat, als die Menschen, die uns erzogen, und wir selbst für wahr gelten ließen. Die Millionen, die töten mussten, weil es so gekommen war, dass Befehl und Notwehr sie dazu gezwungen, sollen das Furchtbare, was sie dabei mit sich durchmachen mussten, auf alle kommenden Geschlechter der Welt bringen, dass keines mehr sich in solches Schicksal begebe. Ehrfurcht vor Menschenleid und Menschenleben, vor dem Kleinsten und Unscheinbarsten sei das eherne Gesetz, das hinfort die Welt regiere …"[175]

(4) ERNST BÖHME zog direkt nach dem Weltkrieg in zwei Schriften Resümee: *„Die pazifistische Bilanz einer militarisierten Kirche im Kaiserreich"* und *„Das pazifistische Credo"*.

In seiner BILANZ[176] geht Böhme von der Verheißung aus, dass „Schwerter zu Pflugscharen und Spieße zu Sicheln" umgeschmiedet werden, und fragt, weshalb die Kirche diese Verheißung und den Bergeversetzenden Glauben daran unterschlagen und sich der Friedensbewegung versagt hat. Ein Grund: Die Verquickung von Kirche und Staatswesen. Sie haben dazu geführt, dass man Erklärungsversuche und Rechtfertigungen des Krieges direkt aus dem Evangelium Jesu herleiten zu können meinte. Diese verhängnisvolle Tradition übertönte die kritischen Einzelstimmen und führte dazu, dass Kirche zurückblieb, wo sie voran gehen sollte. Die tatkräftige Beteiligung der Kirche an pazifistischen Bestrebungen liegt nicht nur in der Intention des Evangeliums, sondern auch im Interesse der Mission.

Hoffnungsvolle Ansätze für die Umsetzung des Friedensrufes gab es nach 1907, der zweiten Haager Konferenz in der Freundschaftsarbeit der Kirchen. Doch die Kirchen verschlossen sich: *„Ist es wichtiger, in Konsistorien und Synoden über allerlei liturgische Formeln zu beraten, über Erdbestattung und Feuerbestattung langatmige Diskus-*

---

[175] Gedenkt der Toten und lebt für den Frieden! Lese- und Arbeitsheft zu Kriegerdenkmälern in Baden und der Pfalz, hrsg. von den Arbeitsstellen Frieden der Evangelischen Landeskirche in Baden und Frieden und Umwelt der Evangelischen Kirche der Pfalz, Zuzenhausen 2014.
[176] Ernst BÖHME, *Die pazifistische Bilanz einer militarisierten Kirche im Kaiserreich*, in: Karlheinz LIPP, Der Thüringer Friedenspfarrer Ernst Böhme (1862-1941). Ein Lesebuch, Nordhausen 2010, S. 125ff.

sionen zu führen usw., all die Stimmen laut zu erheben, wenn es eine der größten Menschheitsfragen zu erörtern gilt, wenn ernste Bemühungen zu Tage treten, die darauf abzielen, die Verhältnisse zwischen ganzen Völkern zu bessern, ihnen den Weg zu gegenseitigem Einvernehmen zu zeigen, mehr und mehr die Kriegsmöglichkeiten zwischen ihnen auszuschalten?"[177]

Im Blick auf Frieden ist ein klares Bekenntnis der Kirche dringend nötig: *„Nur zu lange schon hat man sich zu allerlei Kompromissen verstanden, wo ein entschiedenes Bekenntnis erwartet werden musste, und ganz besonders von jener Seite her, wo sonst die Bekenntnisfrage, sofern es sich um einzelne Glaubenssätze handelt, in peinlichster Weise behandelt wird, hat man im Bezug auf eines der wichtigsten Menschheitsprobleme, in welchem Wohl und Wehe ganzer Völker beschlossen ist, das dem Evangelium einzig und allein entsprechende Zeugnis vermissen lassen."*[178]

Böhme verweist auf Friedensaktivitäten einiger, die Unterstützung gebraucht hätten, die Freundschaftsarbeit der Kirchen, ein Württemberger Appell an Pfarrer (900 Exemplare versandt, acht Antworten), Aufruf zur Unterstützung der organisierten Friedensbewegung und „Aufruf an die geistlichen und theologischen Hochschullehrer der evangelischen Landeskirchen" (1913) von sieben Theologen (darunter auch Ernst Böhme), bei dem nur ein Zehntel der Angeschriebenen überhaupt reagierte. Pfarrer Otto Umfrid und Professor für Theologie Martin Rade werden als Mahner für den Frieden beschrieben. Akademische Theologen haben zwar eine Broschüre für und über den Krieg geschrieben (Kattenbusch: *Das sittliche Recht des Krieges*), keine jedoch über und für den Frieden. Auch der von Quäkern angeregte Weltfriedenssonntag und der internationale Charakter der Friedensbewegung wurden von der national gesinnten Kirche nicht in Erwägung gezogen. Warum musste die deutsche Kirche rückständig bleiben, beschämt durch das Beispiel anderer Gemeinschaften, Länder und Völker? Das weltweite neutestamentliche Christentum ist in der Praxis der Kirche zu kurz gekommen. *„Wo es die Nation galt, waren sie sofort bereit – wo die ganze Völkerwelt, die Menschheit in Betracht kommen sollte in einer heilig hohen*

---

[177] Ebd., S. 127.
[178] Ebd., S. 128.

Feier, da haben sie versagt."[179] In der Folge kehrten viele Menschen der Kirche den Rücken. Doch statt dessen sollten sie sich in ihrer Kirche für deren Umkehr einsetzen. *„Und mögen … stets aufs neue starke Widerstände sich bemerkbar machen, wo es sich um eine grundsätzliche Stellungnahme zu Gunsten großer pazifistischer Ziele handelt, mag es sich leider noch immer als richtig erweisen, was Professor Rade ausgesprochen hat, daß ‚die Verbindung zwischen dem ›Friede auf Erden‹ der Weihnachtsbotschaft und dem Pazifismus von heute über riesengroße historische Hemmnisse hinweg erst gesucht und geschaffen werden muß': es gilt unerschrocken und mutig an dem Werk zu stehen, das im heiligen Willen Gottes fest begründet ist, es gilt dieses Werk zu treiben in der sichtbaren Zuversicht, daß man auch in dieser Richtung das wahre Reich Gottes inmitten einer vielfach irre geführten Kirche sich durchsetzen, sich immer weiter ausgestalten wird.*"[180]

Im „PAZIFISTISCHEN CREDO"[181] schreibt ERNST BÖHME: *„Von allen Geistesbewegungen, die in der Neuzeit durch die Völker hindurchgegangen sind, ist vielleicht keiner so viel Zweifel und Mißtrauen begegnet wie der Friedensbewegung. Und beides hat sich in weiten Kreisen gesteigert seit dem Weltkriege, der diese Bewegung in den Augen vieler für immer diskreditiert hat.*"[182] Böhme geht vielen einzelnen biblischen Worten nach[183] und zieht das Fazit: In Christi Lehre gibt es keinen Raum für irgend-

---

[179] Ebd., S. 131.

[180] Ebd., S. 133f.

[181] Ernst BÖHME, *Die pazifistische Bilanz einer militarisierten Kirche im Kaiserreich*, in: Karlheinz LIPP, Der Thüringer Friedenspfarrer Ernst Böhme (1862-1941). Ein Lesebuch, Nordhausen 2010, S. 135ff. – Das Credo wurde 1919 vom weimarischen Landeskirchenamt mit dem Staatspreis ausgezeichnet, und zugleich stellte das Landeskirchenamt fest, dass es sich nicht auf den Standpunkt des Verfassers stellt. – Die Einstellung von Christen und Kirche zur Friedensfrage wird in den beiden hier bedachten Schriften deutlich als *Bekenntnisfrage* angesehen. Das wiederholt sich dann in der Kirche der DDR, die ein klares Bekenntnis zum Frieden ohne Abschreckung und für gemeinsame Sicherheit mit dem deutlicheren Zeugnis der Wehrdienstverweigerung ablegt und damit eine Kirche des Friedens wird. – Das hat die EKD bisher abgelehnt, u. a. auch in dem Heft 29 aus der EKD-Reihe. Anders dagegen: *Das Bekenntnis zu Jesus Christus und die Friedensverantwortung der Kirche.* Eine Erklärung des Moderamens des Reformierten Bundes, Gütersloh 1982.

[182] Ebd., S. 135

[183] Matthäus 5, 9. 21. 38; 7,1ff; 8,5ff; 10, 21 f. 34-36; 24, 6f; Lukas 14, 31f; 22, 35ff., 49-51; Johannes 14, 27; 18,36

eine Verherrlichung oder Verteidigung des Krieges. Das „Friede auf Erden" der Weihnachtsbotschaft mündet in das „Friede sei mit euch!" Jesu. *„Aber mehr noch als alle einzelnen Zeugnisse des persönlichen Heilands und seines Geistes muß für uns doch der ganze Charakter und Inhalt der mit seinem Personenleben unzertrennlich verbundenen Lehre Jesu entscheidend sein. Und eine ernste Betrachtung des Gesamtinhalts der Ethik Jesu kann deutlich und entschieden jedem zur Erkenntnis bringen, daß der große Prophet von Nazareth zu jeglichem Lobredner für den Krieg in diametralem Gegensatze steht, daß sein Evangelium direkt kriegsfeindlich ist."*[184]

Krieg und Christentum schließen einander aus. Das bezeugen auch Apostel,[185] alte Kirchenväter[186] und Zeugnisse aus der Geschichte der Kirche.[187]

„Wenn … je ein Ereignis dazu angetan war, die Notwendigkeit einer internationalen Friedensbewegung zu erweisen, so war es wohl der Weltkrieg dieser Jahre, durch den die alte Römerregel: ‚Si vis pacem, para bellum' vor aller Welt als irrig, dagegen die andere: ‚Si vis pacem, para pacem' als für die Zukunft allein gültiger, zum Ziele führender Grundsatz dargetan wurde. Auf diesem Grundsatze beruhen denn auch alle Einzelforderungen des Pazifismus, die, in sofern sie insgesamt auf das große Ziel einer zwischenstaatlichen Ordnung, einer Rechtsverständigung unter den Völkern, und somit der Ausschaltung brutaler Gewalt in ihrem gegenseitigen Verhalten hinausgehen, als unabweisbare Postulate einer christlichen Völkerethik anzusprechen sind.

---

[184] Ernst BÖHME, *Die pazifistische Bewegung im Licht des Evangeliums und der christlichen Ethik*, erschienen in: Die Friedens-Warte Jg. 1929, S. 112-119, 159-164 und als Sonderdruck unter gleichem Titel in Leipzig 1920; hier in: Karlheinz LIPP, Der Thüringer Friedenspfarrer Ernst Böhme (1862-1941). Ein Lesebuch, Nordhausen 2010, S. 135ff, hier 139f.

[185] Z. B. 1. Korinther 2,12.

[186] Tertullian, Origenes.

[187] Erasmus, die böhmischen Brüder, die Täufer. Luther wendet sich auch gegen den Krieg und räumt ihm doch ein Recht ein – begründet in der Zwei-Reiche-Lehre, der Trennung von Politik und Moral. Diese Unterscheidung ist jedoch durch die Weiterentwicklung der Weltanschauung in vier Jahrhunderten überholt, u. a. durch die große Völkerbewegung…; Herder und Richard Rothe sind weitere Zeugen der Geschichte. *„Im übrigen aber ist der Gedanke an die Möglichkeit der Überwindung des Krieges zu wenig faßbar erschienen, als daß man ihn weiter verfolgt … hätte."* (Ebd., S. 144.) – Weitere Zeugen: Nathan Söderblom aus der ökumenischen Kirche und der Gedanke des Völkerbundes.

Aber diese Völkerethik ist es eben, die in der Gegenwart mehr als je zum Gegenstand des stärksten Mißtrauens gemacht und mit der zugleich auch alle pazifistischen Bestrebungen als illusorisch, ja sogar als gefährlich selbst von theologischer Seite her dargestellt werden."[188]

„Demgegenüber hat es wohl nicht an mancherlei Kompromissen gefehlt, und immer aufs neue werden auch von theologischer Seite her Versuche gemacht, die Schärfe des Problems abzuschwächen, indem man jenen schon früher erwähnten Dualismus statuiert und sich ein Bereich dieser Welt vorbehält, für welches evangelische Grundsätze sozusagen nur in Auswahl durchzuführen seien und das vom ,Reiche Gottes' streng geschieden werden müsse, oder indem man Christi Verpflichtungen wohl für die Einzelbezirke der Individualethik unbedingte Geltung zuspricht, darüber hinaus aber die Unmöglichkeit ihrer Erfüllung ohne weiteres feststellen zu können meint.

Hier dürfte die Frage aufzuwerfen sein: Kann es sich mit den hohen Zielen christlicher Ethik vereinbaren lassen, daß in ihrem Bereiche hier und dort Grenzpfähle aufgerichtet werden, daß ihre Grundsätze in dem Maße eine Abschwächung erfahren, als das persönliche Leben sich ausweitet zum politischen Verhalten und zur völkischen Betätigung?"[189]

„… gerade in Hinsicht auf das eigene Volk scheinen, zumal in der Gegenwart, manchem ernste Zweifel und Bedenken gegenüber einer internationalen Friedensbewegung immer aufs neue zu erstehen und der Ausgleich zwischen den Anforderungen einer NATIONALEN Ethik und denen der ALLGEMEINCHRISTLICHEN scheint für viele evangelische Christen schwer zu erreichen zu sein."[190]

Um eine zwischenstaatliche Vermittlung und Rechtsverständigung unter den Völkern zu erreichen, bedarf es einer internationalen Ethik, die über alle Einzelnationen hinaus auf die große Menschheit abzielt und die Überwindung der nationalen Selbstsucht wirksam betreibt. Auch die Mission[191] erfordert eine internationale Friedensbewegung. Während sich diese z. B. in den Kirchen Schwedens und Hollands entwickelt, bleibt sie in Deutschland ganz vereinzelt. *„Nun aber wird die Kirche überall aus ihrer Reserve heraustreten müssen, nun wird sie sich vor aller Welt klar und offen zu der schon längst gestell-*

---

[188] Ebd., S. 145f
[189] Ebd., S. 146f.
[190] Ebd., S. 148.
[191] Vgl. 1. Timotheus 2, 4.

ten Aufgabe zu bekennen haben, der pazifistischen Bewegung ein ernstes Interesse zuzuwenden und zur Erreichung ihrer Ziele eine wirksame Mithelferin zu sein. Und in dem Maße, wie solche Aufgabe erkannt und erfüllt wird, werden jener Bewegung Kräfte zuwachsen, deren sie leider nur zu lange entbehren mußte, wird sie selbst aber auch je mehr und mehr jenen sauerteigartigen Charakter annehmen, von dem ein bekanntes Gleichnis Jesu in Bezug auf das Gottesreich spricht, welch letzterem ja der auf festen ethischen Grundsätzen aufgebaute Pazifismus auch an seinem Teile dienen will.

Möge es denn der Kirche, die heute ihre Daseinsberechtigung all ihren Widersachern gegenüber mehr als je zu erweisen hat, beschieden sein, kraftvoll zu wirken auf dem weltweiten Gebiete, wo man ihre Mitbetätigung dringend erwartet, möge sie ihren Friedensberuf erfüllen von Volk zu Volk, über alle Länder hin im Gehorsam gegen den, dessen Geistesgruß der ganzen Menschheit gilt: Friede sei mit euch!"[192]

(5) AIMÉE KÖSTER[193] zieht zehn Jahre nach Beginn des Weltkrieges ihre Bilanz in einem Artikel unter der Überschrift: „NIE WIEDER KRIEG":

So sehr die Schlagworte „Nie wieder Krieg!" in der Öffentlichkeit präsent sind, die Regierungen interessieren die Proteste nicht. Von der Basis her müssen die Proteste zur Tat werden. Das berührt ethische und wirtschaftliche, kulturelle und menschliche Fragen: *„… die Präger und Verfechter dieser drei Worte sind Idealisten und verabscheuen den Krieg, weil der Krieg unmenschlich ist, weil der Krieg eine Kulturschande ist, weil der Krieger, bewaffnet einem Menschenbruder gegenübersteht, den er nie gesehen hat, der ihm nie etwas zuleide getan hat, und den er auf Befehl eines Vorgesetzten kalten Blutes ermorden soll, ein seelenloser, grausamer und gewissenloser Missetäter ist."*

---

[192] Ebd., S. 153.

[193] *Aimée Köster* (1869 - ? [1936 war sie noch drei Monate in Haft]), Herausgeberin der Zeitschrift *Schaffende Frau* 1919 – 1924 u. a. mit dem Untertitel „Zeitschrift für soziale Fragen, Pazifismus, Erziehungs-, Schul- und Frauenfragen, Moden neuer Richtung, Schneiderei und Handarbeiten", ein anarchistisch-pazifistisches Blatt. Zum 10. Jahrestag des Kriegsbeginns erschien 1924 in ,Die Schaffende Frau' Nr. 54 ihre Konsequenz aus der Kriegskatastrophe. Quelle: graswurzelrevolution 392 vom Oktober 2014.

Im Vorfeld sind Spionage, Betrug, Verrat, Verhetzung, Volksbetrug und Presselügen die vorbereitenden Schändlichkeiten. Köster bringt das Beispiel einer italienischen Mutter, die ihre beiden Söhne gegen den Krieg erzieht, so dass sie nicht nur Kriegsgegner werden, sondern auch mit ihrer Person dafür einzustehen bereit sind: Sie verweigern den Kriegsdienst. Köster erzählt ausführlich das Beispiel eines deutschen Kriegsdienstverweigerers:

„Ich erfuhr die Begebenheit aus dem Munde des Vaters dieses Soldaten, eines unserer aufrechtesten Genossen. Sein Sohn, ein junger Mann von etwa 24 Jahren, der eine junge Frau und einen kleinen Sohn hatte, wurde aufgefordert, sich seinem Regiment zu stellen. Dieser junge Mann hatte eine durchaus antimilitaristische Erziehung erhalten: Der reine Sozialismus herrschte im väterlichen Heim und jeder, sowohl Vater als Sohn, waren fest entschlossen, im Kriegsfall keiner Waffe zu ergreifen.

Als der junge Mann die Aufforderung bekam, begann der schwere Gewissenskampf. Er eilte zu seinem Vater und wollte sich Rat holen. ‚Was soll ich tun?‘ fragte er den alten Vater. Erschüttert erwiderte dieser ‚Ich weiß es nicht!‘ – ‚Vater‘, rief der Sohn, ‚Du hast mir gesagt, dass der Sozialist nicht zur Waffe greifen darf und jetzt versagst Du mir die Antwort!‘ – ‚Ich kann Dir nicht raten‘, erwiderte der Vater, ‚wenn Du in den Krieg ziehst, so handelst Du gegen die Grundsätze des Menschentums, gegen alles, was wir hochhalten und was wir glauben. Wenn Du in den Krieg ziehst, bist Du ein Abtrünniger unserer Weltanschauung. – Wenn Du nicht hingehst, um Brüder zu morden, so wirst Du erschossen. – Weiß ich denn, was ich Dir raten soll, weiß ich denn, ob Du die Kraft aufbringst, Deine Weltanschauung hochzuhalten?‘ – Stumm verflossen einige Minuten. Dann begann der Sohn von neuem: ‚Was tätest Du, Vater, an meiner Stelle?‘ – Und wieder lautete die Antwort des alten Vaters: ‚Ich weiß es nicht – ich kann es nicht wissen!‘

Dann erfolgte der Abschied …

Der Sohn wurde Soldat. Solange das Regiment nicht an der Front war, tat der Soldat seine so genannte Soldatenpflicht. Monate verstrichen, ohne dass das Regiment Kanonendonner hörte. Als aber der Leutnant an einem schönen Morgen der Mannschaft erklärte, dass der nächste Tag die Feuertaufe bringe, trat unser Genosse vor die Front des Regiments und erklärte dem Leutnant, dass seine Weltanschauung ihm verbiete, auf Menschenbrüder zu zielen. Der Leutnant war wütend und ließ den widerspenstigen Soldaten abführen. In den nächsten beiden Tagen bearbeiteten den jungen

Genossen die Geistlichen beider Konfessionen. Der protestantische Pfarrer wechselte sich ab mit seinem Kollegen, dem katholischen Feldgeistlichen.

Jeder bemühte sich im Namen Gottes dem Soldaten zu erklären, dass es seine Pflicht sei, sich am Weltbrudermorde zu beteiligen. Aber keiner erreichte sein Ziel. Der Soldat blieb dabei, dass, solange man nicht von ihm verlangt habe zu morden, er seine Pflicht als Soldat getan habe, dass aber von der Stunde an, da sein Handwerk das eines Menschenmörders sein müsse, seine Menschenpflicht höher stände als die Soldatenpflicht.

Als die beiden christlichen Seelsorger nichts erreichten, versuchte man es mit einem Irrenarzt. Dieser untersuchte den jungen Mann darauf hin, ob seine intellektuellen Fähigkeiten nicht Schaden gelitten hätten. Aber sowohl der Leutnant als auch der seine anderen Vorgesetzten mussten zugeben, dass unser Genosse ein gehorsamer, pflichtgetreuer Soldat sei, leider aber habe er ganz ‚verworrene‘ Ansichten. Und dann kam der Schluss. Kriegsgericht und Verurteilung zu 11 Monaten Festungshaft. Während dieser Zeit litt der junge Mann furchtbar. Kälte, Hunger, harte Arbeit, Strapazen jeder Art wurden sein Los. Jeden Monat hatte er die Erlaubnis, Post zu empfangen und Post abzusenden. Die Nachrichten aus der Heimat lauteten tieftraurig, der Krieg wütete weiter, der Hunger herrschte im Land, das deutsche Volk war stumm geworden.

In der Festung aber herrschte die Willkür, die Grausamkeit des Militarismus, die entmenschlichte Tyrannei. Langsam, langsam verstrichen die 11 Monate. Als die Haft vorüber war, wurde der Soldat in seine Heimat gebracht. Er war so geschwächt, dass eine Beine ihn nicht mehr trugen und er nicht mehr aufrecht stehen konnte. Eine Stunde gab man ihm Zeit, um unter Aufsicht eines Offiziers mit seinen Eltern, seiner jungen Frau und seinem Kind Rücksprache zu halten. Dann wurde er ins Lazarett befördert. Hier wurde er, soweit es möglich war, gesund gepflegt. Und seine Angehörigen hatten die Erlaubnis, ihn ab und zu besuchen. Als er halbwegs gesund war, fing der Tanz um seine Seele wieder an. Aber jetzt war er noch fester, entschlossener als je, nicht nachzugeben. Die 11 Monate der Tortur und der Willkür sollten nicht umsonst gebracht sein. Allerdings konnte er nicht daran zweifeln, dass eine neue Verurteilung den Tod bedeuten würde, denn sein geschwächter Körper konnte die gleichen seelischen und körperlichen Erschütterungen nicht noch einmal ertragen. Aber jetzt geschah ein Wunder. Man steckte den Soldaten nicht mehr ins Heer, sondern beförderte ihn zum Eisenbahner. Hier blieb er bis Kriegsabschluss.“

Andere bedienten sich aller möglichen Listen, um nicht in den

Krieg ziehen zu müssen, dieser weigerte sich aus Überzeugung. In der deutschen Presse gab es keine Möglichkeit für den Vater, davon zu erzählen. Erst die List ermöglichte eine Veröffentlichung in der Schweizer Presse. Die Konsequenz von Aimée Köster: *„So lange … der Militarismus stärker ist als die moralische Kraft des einzelnen, wird er auch nicht verschwinden."* Nur die *„entschlossene Weigerung, auf Brüder zu schießen, wird dem Militarismus zu Leibe rücken."*

„Und den Frauen erwächst die Pflicht, darauf zu wachen, dass ihre Söhne von Kindheit an begreifen und erfassen, wie viel daran liegt, die Worte: Nie wieder Krieg! auch wirklich zu leben!"[194]

(6) Der evangelische Pfarrer und religiöse Sozialist ERWIN ECKERT[195] bat am Totensonntag 1927 seine Gemeinde in Mannheim in einer PREDIGT eindrücklich, nicht Gott, sondern die Menschen für den Ausbruch des Krieges verantwortlich zu machen. Die konkrete Erinnerungen an die Getöteten führen zu Fragen: Warum habt ihr uns verlassen? Wofür seid ihr gestorben?

„Die ganze Sinnlosigkeit des Krieges wurde uns, die wir meinten, er werde um der Größe Deutschlands geführt und Gott wolle, daß wir gegen eine Welt von Feinden siegreich bleiben sollen, erst so recht klar, als das Ende kam, als Deutschland am Boden lag, und nicht nur Deutschland, sondern alle Völker nichts aus dem Kriege hatten als Elend und Niedergang, auch die sogenannten siegreichen Völker…

Solange wir abmessen…, was uns und den anderen Völkern der Krieg gebracht hat an äußeren Dingen, müssen wir rückhaltlos zugestehen, daß wir keinen Sinn in dem Ausgang dieses furchtbaren Geschehens erkennen können. Ja, es kann sogar soweit kommen, wenn wir im Kriege gesagt und geglaubt haben, Gottes Wille habe die Unseren heimgeführt, daß wir nach diesem Ausgang des Krieges an Gottes Güte verzweifeln und allen Glauben an seine Macht verloren haben. Gott hat versagt, uns betrogen.

Der Fehler aber liegt bei uns. Wir haben uns betrogen. Es ist unsere Schuld, daß wir glaubten, uns vormachten, Gott wolle den Krieg, und das

---

[194] Aimée KÖSTER weist in ihrem Artikel noch auf das Buch eines österreichischen gewaltfreien Anarchisten hin: Pierre Rasmus (1882-1942), Friedenskrieger des Hinterlands.

[195] *Erwin Eckert* (1893-1972), evangelischer Pfarrer und religiöser Sozialist, 1914 Kriegsfreiwilliger, später Kriegsgegner, Mitarbeit in SPD und KPD, während des Nationalsozialismus lange in Haft.

erste, was uns durch das furchtbare Schicksal deutlich gemacht worden ist, ist das, daß wir Gott zum Knecht unserer Wünsche machten, wenn wir beteten um den Sieg über die anderen, daß wir Gottes Herrlichkeit mit menschlichen Maßen maßen, wenn wir ihn zum Herrn der Heerscharen machten und ohne innerlich zu erschrecken, von ihm den Sieg für das grauenhafte Morden erflehten. Das wissen wir nun: Gott hat mit dem Krieg nichts zu tun." Die Folge: Umkehr zur eigenen Verantwortung vor Gott: Du sollst nicht töten![196]

(7) Auf Einladung vom Magdeburger Pfarrer Jacobi hielt der Berliner Pfarrer und religiöse Sozialist GÜNTHER DEHN[197] einen Vortrag, „KIRCHE UND VÖLKERVERSÖHNUNG", am 6. 11.1928 in der Ulrichskirche zu Magdeburg.[198] Darin geht er der Frage nach: *„Wie stellen wir uns zum Kriegs- und Friedensproblem, wenn wir als Christen auch hier den Willen Gottes erfüllen wollen?"*

Ausgehend vom Alten Testament[199] knüpft das Neue Testament an diese Linie an: *„Jesus rechnet ohne Frage damit, daß Kriege sein werden bis zum Ende der Welt, …, aber freilich, wer spürt nicht die völlig andere Lebenssphäre, in der er und die Seinen leben? Wer will es wagen, Jesus und die Maschinengewehre zusammen zu bringen, den Weg der Gewalt und ihn, der in völliger Gewaltlosigkeit durchs Leben ging, der sich wie ein Schaf zur Schlachtbank führen ließ, der nicht schalt, als er gescholten wurde, der in einer Stunde der Notwehr, wo jeder Mensch von Fleisch und Blut sich gewehrt hätte, zu seinen Jüngern sagte: ‚Stecke dein Schwert*

---

[196] Karlheinz LIPP/Reinhold LÜTGEMEIER-DAVIN/Holger NEHRING (Hg.), Frieden und Friedensbewegung in Deutschland 1892 – 1992. Ein Lesebuch, November 2010, S. 138.

[197] *Günther Dehn* (1882-1970), 20 Jahre Arbeiterpfarrer, 1931 auf den Lehrstuhl für Praktische Theologie in Halle berufen. Der hier inhaltlich wiedergegebene Vortrag löste den „Fall Dehn" aus, der sich deutschlandweit über Jahre hin zog und schließlich zu Dehns Entlassung in Halle führte. Die Position Dehns war nationalistischen Kollegen und vor allem der nationalistischen Studentenschaft, doch teilweise auch der Kirche derart ein Dorn im Auge, dass sie alles unternahmen, um Günther Dehn aus dem Amt zu bringen.

[198] *Kirche und Völkerversöhnung*, Dokumente zum Halleschen Universitätskonflikt mit einem Nachwort von Günther Dehn, Berlin 1931, S. 6ff.

[199] Fünftes Gebot ist Gesetz, wir aber leben die Freiheit, Gesetz nicht blind respektieren. Botschaft der Bibel ist Botschaft des Friedens: Friedensreich und Gerechtigkeit im Innern / Schwerter zu Pflugscharen, Spieße zu Winzermessern – sich jeder bewaffneten Einmischung in die Weltpolitik enthalten.

*in die Scheide, denn wer das Schwert nimmt, soll durch das Schwert um-
kommen'? Jesus hat das kommende Reich verkündet, die Herrschaft Gottes,
wo alle Dinge gewandelt sind, wo kein Leid, kein Geschrei und kein
Schmerz mehr ist, sondern wo alle Menschen von Gott gelehrt als Kinder
ihres himmlischen Vaters leben. Er hat die Seinen ausdrücklich außerhalb
der Sphäre des in der Welt herrschenden Gewaltgeistes gestellt, wenn er
sagt: ,Die weltlichen Fürsten herrschen, und die Mächtigen unter ihnen
haben Gewalt, so soll es unter euch nicht sein.' Und erhalten wir ein anderes Bild, wenn wir auf die apostolische Verkündigung nach der Auferste-
hung Jesu blicken? Ist der Gott der Versöhnung, der uns verzieh, als wir
noch Feinde waren und unter uns aufrichtete das Wort von der Versöhnung, nicht der Gott des Friedens? Ist das Wort ,Friede auf Erden', in das
der Gesang der Engel das Kommen Christi zusammenfaßt, etwa nur eine
schöne liturgische Wendung oder nichts anderes als die Zusicherung des
Herzensfriedens, den der einzelne in seiner Brust haben kann? Meinen wir
wirklich, daß Gott nur der Gott des einzelnen Frommen ist, daß wir ihm
nur begegnen können in den Formen der privatisierten Religion, wie sie
unter uns freilich sehr üblich ist? Daß er die Waffen streckt, er, den wir
den Herrn des Himmels und der Erde nennen, vor dem Menschen, wenn
er in der Masse als Volk oder Vaterland oder Staat auftritt? Ich glaube, wir
werden das nicht meinen dürfen. Wir werden vielmehr den Schluß ziehen
müssen, daß der Krieg in die Welt Gottes nicht mit hineingehört. Das jedenfalls ist die Meinung der Bibel."*[200]

Die Botschaft der Versöhnung trifft uns als Sünder:

Seitdem Menschen sein wollen wie Gott, sind sie aus der Unmit-
telbarkeit vor Gott herausgefallen und haben ihren Ursprung vergessen – dass das Leben nach dem Schöpferwillen ein Leben der Gemeinschaft, der gegenseitigen Verbundenheit ist, dass wir Nächste
haben, auf deren Ansprüche wir hören müssen.

Wo das vergessen wird, herrscht Kampf in allen Formen bis hin
zu gesteigertem Nationalgefühl, Wehrpflicht, Volksbewaffnung,
kriegerischen Geist in die Bevölkerung tragen, Industrie am Wehr-
geschäft beteiligt, Absatzgebiete beschaffen, Kolonien, Einflußsphä-
ren erweitern usw.

---

[200] *Kirche und Völkerversöhnung*, Dokumente zum Halleschen Universitätskonflikt
mit einem Nachwort von Günther DEHN, Berlin 1931, S. 9f.

Es führt zu einem Leben im Bann der Wirtschaftsordnung, die Menschen ausbeutet, zum Kampf der Konkurrenz, die auf Überholung und Niederwerfung aus ist. – Krieg „offenbart am deutlichsten den Geist, der unser Leben im Grunde doch allein beherrscht."[201] Wir leben in einer gottfeindlichen Welt.

Was bedeutet es, im Glauben zu stehen und zugleich nüchtern die Wirklichkeit der Welt ins Auge zu fassen? Unsere Rechtfertigung liegt allein im Urteil Gottes. Das ist kein Entwicklungsglauben. Es gibt Entwicklungen innerhalb einzelner Geschichtsperioden z. B. von Blutrache über Stammesfehde hin zu Völkerkrieg und darüber hinaus. *„Aber wenn die Welt so bleibt, wie sie ist, und sie bleibt so, ist der Krieg damit nicht wirklich überwunden, sondern er ist nur überdeckt, es ist nur an seinen Symptomen herumkuriert worden."*[202]

Die Begabungen dafür ins Bankdepot legen, bis Gott uns aus dem Jammer erlöst? Friede ist ein Traum – und nicht mal ein schöner, sagen jene, denen an einer Verherrlichung des Krieges liegt. Hier wird die Botschaft des Friedens nicht ernst genommen.

„Wenn wir das Reich Gottes auch nicht haben, und wenn die Verwandlung aller Dinge auch ganz gewiß nicht in unsere Hand gegeben ist, so ist die Botschaft von der Verwandlung aller Dinge doch da, so heißt es doch immer noch: das Reich Gottes ist nahe herbeigekommen."[203]

Gottes Wille soll die Wirklichkeit des Lebens treffen, die ganze, auch die Volks- und Staatswirklichkeit. Krieg ist eine mit Gottes Lebens- und Gnadenwillen der Welt gegenüber schlechterdings nicht zu vereinigende Tatsache.

Was tun?

– Naiver Pazifismus, der die Dinge laufen lässt, ist unmöglich. Was möglich ist: Protest gegen zuwiderlaufende Ordnungen und ein Mittragen verweigern.

– Alle Kriegslügen entlarven (Krieg als Auslese der Tüchtigen, großer ethischer Erwecker, Befreier aus stagnierender Stumpfheit und faulen Friedenszeit, Heroismus), den Krieg sehen wie er ist: *„„Wir bekämpfen den Krieg nicht allein deshalb, weil er Länder verwüstet, Leben*

---

[201] Ebd., S. 11.
[202] Ebd., S. 13.
[203] Ebd., S. 14.

zerstört, Leid ohne Maße über alle ausgießt, sondern auch, weil er Seelen verwüstet und zerstört. Nicht nur, weil er namenloses Unglück, sondern auch, weil er ein schreiendes Unrecht ist, weil er alle moralischen Begriffe auflöst, weil er die Herrschaft des Hasses und aller Bösen Dämonen über die Leider und die Seelen aufrichtet, weil er alle menschlichen Beziehungen vergiftet, weil er Wort und Treubruch zur politischen Notwendigkeit macht, Grausamkeit zum Heldentum macht, weil er den Menschen im Menschen erstickt und die Bestie in ihm entfesselt, weil er aller Gerechtigkeit zum Hohn das Glück von Millionen der Habgier und Machtgier einiger weniger opfert, weil er Vorräte von Haß aufspeichert, neben denen nichts Edles, Reines, Hohes in den Herzen wohnen kann, kurz, weil die Menschen unentrinnbar in einen inneren Zustand versetzte, in welchem sie ganz unmöglich nach dem Reiche Gottes verlangen und beten können.'"[204]

In der Gegenwart wird der Krieg gepriesen und entwickelt wie eh und je in der Geschichte seine Vorstellung: Einen schöneren Tod als den fürs Vaterland gibt es ja nicht. Darin zeigt sich der Selbsterhaltungstrieb der Nation mit seinem selbstverständlichen Bedürfnis nach Macht, Einfluß, Ruhm, Weltgestaltung, Wohlstand, Ehre, Herrlichkeit einer Nation ... Sind das christliche Anliegen? *„Israels eigentliche Größe begann jedenfalls erst, als es mit seiner politischen Herrlichkeit zu Ende war."*[205]

– Krieg als Notwehr? Darin bestand 1914 die Kriegslüge. *„Gott hat die Menschen geschaffen und die Völker. Er will also die Existenz des Menschen und der Völker. Unser Leben ist also ein von Gott gegebenes Gut, dessen Besitzstand zu verteidigen wir dann auch verpflichtet sind."*[206] Gott gibt uns freilich auch den Tod. Gott hat auch dem Gegner das Leben gegeben, und meine Aufgabe ist es, dieses ebenso als eine Gottesgabe zu achten. Hier besteht die Möglichkeit des Opfers, dass jemand auf sein Recht zur Notwehr, zur Selbstbehauptung verzichtet.

– Der einzelne bleibt persönlich verantwortlich und geht nicht im Volksganzen und im Vaterland auf.

---

[204] Ebd., S. 16. (Hier zitiert Dehn den Schweizer Pfarrer Lichtenau: „Ist Abrüstung Christenpflicht?")
[205] Ebd., S. 17.
[206] Ebd., S. 18.

–   Kriegsdienstverweigerung aus Gewissensgründen ist möglich, wird jedoch nicht als für alle Christen verbindlich beschrieben. Die Quäker zum Beispiel: Sie verweigern, ohne sich von Not und Leid auszuschließen. Sie nehmen Anteil an allem, was sich in der Welt für die Erhaltung des Friedens einsetzt.

–   Dem Krieg kein christliches Gesicht geben: Der Tod fürs Vaterland wurde als Opfertod deklariert: *„‚Niemand hat größere Liebe denn die, daß er sein Leben lasse für seine Freunde.‘ Wir wollen ganz gewiß diesem Tod seine Würde und auch seine Größe lassen. Aber ebenso gewiß wollen wir auch die Wahrheit sagen. Es wird bei dieser Darstellung außer acht gelassen, daß der, der getötet wurde, eben auch selbst hat töten wollen. Damit wird die Parallelisierung mit dem christlichen Opfertod zu einer Unmöglichkeit. Im Anschluß daran sollte man auch die Frage erwägen, ob es richtig ist, daß die Kirche den Gefallenen Denkmäler in ihren eigenen Mauern errichtet. Sollte man das nicht vielmehr der bürgerlichen Gemeinde überlassen? Sodann möge man auch einmal mit dem Problem sich beschäftigen, ob die Kirche nicht die Abschaffung des Instituts der Militär- und Feldgeistlichkeit zu fordern habe. Zu sehr scheint mir der Militärgeistliche in den militärischen Zwang und in das militärische Handeln eingespannt zu sein, als daß ihm wirklich freie Evangeliumsverkündigung noch möglich wäre, auf die auch der Soldat Anspruch hat. Die geistliche Versorgung der Soldaten sollte durch Zivilgeistliche erfolgen, die in keiner Weise von der Militärbehörde abhängig sind.“*[207]

–   Christliche Eltern sollen ihre Kinder im Völkergeist erziehen und kein Kriegsspielzeug verwenden.

–   Die Geschichts- und Lesebücher sind zu entmilitarisieren. *„Die Menschheit fängt an, wach zu werden in diesem Punkt.“*[208]

–   Weil der Krieg 1870/71 keine Debatte über das Recht des Krieges wachgerufen hat, ist sie jetzt in dem Sinne dran, dass nach dem [Ersten] Weltkrieg das Nachdenken tiefer geht und zu anderen Ergebnissen kommen soll, auch gegen das, was noch die Seele fesselt durch Erziehung und Tradition.

---

[207] Ebd., S. 21f.
[208] Ebd., S. 23.

„‚Soldaten sind Mörder' – so lautet eine Überschrift auf den Tafeln der Ausstellung der Evangelischen Studentengemeinde Halle, die Sie hier im Raum im Magdeburger Dom sehen. Ich habe noch einmal nachgeschaut: Das Zitat stammt von Kurt Tucholsky und zwar aus einer Glosse von ihm mit dem Titel: ‚Der bewachte Kriegsschauplatz'. 1931 schrieb Kurt Tucholsky in der Zeitschrift *Die Weltbühne* unter dem Pseudonym Ignaz Wrobel: ‚Da gab es vier Jahre lang ganze Quadratmeilen Landes, auf denen war der Mord obligatorisch, während er eine halbe Stunde davon entfernt ebenso streng verboten war. Sagte ich: Mord? Natürlich Mord. Soldaten sind Mörder.'

Seitdem hat der Streit um dieses provozierende Zitat nicht aufgehört. (1995 hat das Bundesverfassungsgericht der Möglichkeit einer weiteren Verwendung dieses Zitates zugestimmt.)

Worum es heute Abend geht, das führt uns hierher nach Magdeburg. Wer die Geschichte Magdeburgs kennt, weiß, dass es auch eine 1200 jährige Militär- und Festungsgeschichte hat.

Nun lag der Erste Weltkrieg mit seinem wahnsinnigen Grauen schon zehn Jahre hinter den Menschen. Doch viele konnten sich nicht mit Verlusten und Niederlage abfinden.

Wir schreiben das Jahr 1928, also drei Jahre vor dem Zitat von Kurt Tucholsky. Der Magdeburger evangelische Pfarrer Jacobi lädt für den 6. November einen Berliner Pfarrer, Günther Dehn, ein zu einem Vortrag ‚Evangelische Kirche und Völkerversöhnung'.

Der Vortrag und das Gespräch danach wirken auf eine Reihe von Anwesenden wie ein Schock! In den heftigen Beschwerdebriefen und der völkisch-nationalen Presse wird Dehn u. a. vorgeworfen, die gefallenen Helden des Ersten Weltkrieges als Mörder beschimpft zu haben.

Doch der Inhalt des Vortrages von Günther Dehn war ein anderer. Und erst nach genauen Recherchen kommt Superintendent Jacobi dahinter, was es mit dieser Beschuldigung von ‚gefallenen Mördern' auf sich hat. Im Brief vom 26. Juli 1929 an Günther Dehn schreibt Jacobi:

›Noch etwas Wichtiges muß ich Dir mitteilen. Ich habe ständig überlegt, ob in der Diskussion überhaupt das Wort ‚Mörder' fiel, konnte es aber in meinem Gedächtnis nicht zusammenkriegen.

Nun habe ich jetzt durch zwei gute Zeugen, nämlich Frau H. und
durch eine Wohlfahrtspflegerin, Schwester M.P., folgendes fest-
gestellt: Fräulein von A., sofern sie es war, die in der Diskussion
sprach, hat gesagt: ‚Wenn die Gefallenen nicht durch Tafeln in
der Kirche geehrt werden, dann ist es so, als würden diese Leute
als Mörder angesehen.' Mörder ist also von Deiner Hauptfeindin
selber ausgesprochen worden. In ihrem Kopf hat sich das dann
nachher erweitert. Nach den Aussagen der beiden oben Genannten steht fest, daß das Wort Mörder von der Diskussionsredne-
rin, also von Fräulein von A. oder Fräulein L. gebraucht worden
ist. Du kannst diese Feststellung ruhig dem Berliner Konsistorium unterbreiten. Beide Zeuginnen würden sich sicher bereit-
finden lassen, ihre Aussagen zu beeiden, abgesehen davon, daß
Schwester M. Mennonitin ist und ihre Aussagen in der menno-
nitischen Form bekundet.‹[209]
Günther Dehn hat die Soldaten des Ersten Weltkrieges nicht als
Mörder bezeichnet, das hätte seiner christlichen Überzeugung
wohl auch widersprochen.
Soldaten sind Menschen, zu allererst Menschen, die sich oft einem mörderischen System verpflichtet haben, dessen Motor und
Ziel das kapitalistische Wachstum ist, und einem mörderischen
System, das meint, Gewalt sei erlösend, Gewalt sei die bedeu-
tendste/letzte Lösung für die Probleme. In diesen beiden Irrtü-
mern liegt das Kernproblem."[210]

(8) GERHARD HALLE [211] war 1917 als *Pionieroffizier in Nordfrankreich*
eingesetzt und hat mit seinen Leuten die Gegend dort planmäßig
zerstört. 1932 reiste er wieder in verschiedene Städte dieser Gegend,
diesmal als *Quäker und Mitglied des Internationalen Versöhnungsbundes*, um vor den Franzosen zu seiner Schuld zu stehen und sich neu

---

[209] *Kirche und Völkerversöhnung.* Mit einem Nachwort von G. Dehn, Berlin: Furche
1931, S. 32.
[210] Eberhard BÜRGER, in der Einleitung zum Vortragsabend „Soldaten sind Mörder" am 7. Mai 2014 im Magdeburger Dom. Den Vortrag zum „Fall Dehn" hielt
Friedemann Stengel, PD an der Theologischen Fakultät der Martin-Luther-Uni-
versität Halle – Wittenberg.
[211] Gerhard HALLE (1893-1966): Kriegsdienst und Gewissen, Vortrag in Berlin
1932, in: Quäker, Zeitschrift der deutschen Freunde, 3/2014, S. 117ff.

mit ihnen zu verbinden. Mit seinem Vortrag „Kriegsdienst und Gewissen" ließ er die Menschen dort und danach auch in Deutschland an seiner Umkehr teilnehmen:

Der Opfermut der Soldaten war nur zum Teil freiwillig, meist jedoch Ergebnis einer strengen Disziplin: *„Hier haben wir den Angelpunkt militärischer Erziehung sichtbar vor uns: jene systematische Kleinarbeit, bis jeder Körperteil genau die vorgeschriebene Haltung einnimmt, genau die vorgeschriebene Bewegung ausführt, so dass schließlich der Wille des Einzelmenschen jedem Befehl des Vorgesetzten gehorcht."*[212] Und: Im Grunde ging es nicht um den eigenen Heldentod, sondern darum, möglichst viele feindliche Soldaten für ihr Vaterland sterben zu lassen, dem Gegner viel Schaden zuzufügen. *„Das eigene Leiden ist nur das Nebenprodukt dieser Tätigkeit."*[213]

Unter dieser Disziplin, diesem Gehorsam litt und verstummte die Stimme des eigenen Gewissens: Kann ein Christ ein Soldat sein? Für Gerhard Halle hieß die Antwort: Wozu das Neue Testament und die ersten Christen, die Friedenskirchen und großen Religionsstifter aufrufen, dazu konnte ich nur durch eigene Erfahrungen reif werden.

Über dem euphorischen Nationalgefühl haben wir die anderen Triebkräfte vergessen, die uns umtrieben: Sinnlosigkeit, Abenteuerlust, lohnenswerte Aufgaben im Leben und starke Erlebnisse suchen … Und wir dachten nicht an die Leiden für uns und die anderen.

Über den Kriegserlebnissen kam Halle zum Bewusstsein, dass Soldatsein und Christsein sich nicht vereinen lassen. Auch der nationale Gedanke trug nicht, denn die „drüben" kämpften genau so für ihre Nation. Dass Menschen ihr Land und ihre Kultur lieben, ist natürlich, doch statt sich deswegen gegenseitig das Leben zu nehmen, bringen sie es einander als Geschenk, als Bereicherung in die geschwisterliche Völkergemeinschaft ein.

Die Flucht in Dienstpflichten konnte bei Gerhard Halle nicht verhindern, dass die Folgen des verrohenden Kriegshandwerks in die eigene Seele drangen und sie zu zerfressen drohten. Der Verlust von Freunden ging ihm nach: *„Den einen zerriss eine Granate bei Lens, ein anderer fiel über Arras aus dem Flugzeug, der dritte verschwand im*

---

[212] Ebd., S. 118.
[213] Ebd., S. 119.

Schlamm von Dixmude; ein fröhlicher Kamerad verbrannte im Fort Doaumont – und das sind nur einige mir besonders im Gedächtnis gebliebene Menschen."[214] Doch ihm wurde ein befreiend neuer Blick geschenkt: Ist es den Franzosen nicht ebenso ergangen wie uns? Wie kommen sie in den von mir und uns zerstörten Gebieten mit den Verlusten zurecht? Der Blick zu den anderen machte ihn wieder wach.

Nach diesen Erlebnissen konnte er die christliche Botschaft neu verstehen. Sie wurde ihm Quelle für seine Umkehr. Englische Quäker baten ihn, wieder nach Nordfrankreich zu den Menschen zu reisen, französische Quäker bereiteten die Begegnungen vor, die sehr bewegend für beide Seiten wurden.

(9) ULLRICH HAHN, Präsident des deutschen Zweiges des Internationalen Versöhnungsbundes geht im NACH-DENKEN ÜBER DEN KRIEG dem bereits erwähnten internationalen Ächtungsbeschluss des Krieges weiter nach: *„Am 27.8.1928 kam es ... zu einem ,Vertrag über die Ächtung des Krieges', den die große Mehrzahl aller damals bestehenden Staaten unterschrieben hat. In diesem Vertrag heißt es in beeindruckender Kürze: ,Die Hohen Vertragschließenden Parteien erklären feierlich im Namen ihrer Völker, dass sie den Krieg als Mittel für die Lösung internationaler Streitfälle verurteilen und auf ihn als Werkzeug nationaler Politik in ihren gegenseitigen Beziehungen verzichten ...'"*[215]

„Dennoch hat keiner der unterzeichnenden Staaten aufgehört zu rüsten, nur die offizielle Sprache und inhaltliche Begründung änderten sich: die Waffen blieben nötig zum Zwecke der Verteidigung gegen die jeweils andere Seite. Offiziell waren alle gegen den Krieg und gleichzeitig alle bereit, den nächsten vorzubereiten und dann auch zu führen ...

---

[214] Ebd., S. 123.

[215] Eine Weiterführung dieser Verpflichtung findet sich derzeit (2014) noch in der Verfassung Japans, Artikel 9: *„Es ist unser aufrichtiger Wunsch, dass alle Nationen der Welt zueinander in friedlichen Beziehungen stehen, die auf Gerechtigkeit und Ordnung gegründet sind. / Daher verzichten wir, das japanische Volk, für immer auf den Krieg als ein souveränes Recht der Nation. / Als Mittel zur Beseitigung internationaler Konflikte werden wir keinerlei Gewalt androhen und ausüben. / Zu diesem Zweck werden wir von jetzt an niemals wieder Land-, See- und Luftstreitkräfte oder sonstiges Kriegspotential zur Tötung von Menschen unterhalten und keine Organisationen mit kriegerischen Zielen zulassen. Das japanische Volk wird nicht anerkennen, dass das Töten von Menschen im Krieg kein Verbrechen ist. Das Recht auf Kriegsführung wird dem Staat nicht zuerkannt."*

Wann ungeachtet der sprachlichen Bezeichnung aber ‚Krieg‘ geführt wird, folgt aus der Art der eingesetzten Waffen – die verwendeten Mittel bestimmen den Charakter des Unternehmens.

Das Kriegswaffenkontrollgesetz ist eine ausführliche Liste aller auch so genannter ‚Kriegswaffen‘ beigefügt. Wer Kriegswaffen benutzt, führt Krieg, auch wenn die Helme blau sind und die Waffenträger ‚Polizisten‘ genannt werden. …

Die Abschaffung des Krieges setzt im waffentechnischen Sinne … voraus, jede Herstellung, Anschaffung und Nutzung von Kriegswaffen zu beenden.

Bevor der Krieg durch die Abrüstung von Kriegswaffen verhindert wird, muss aber die Bereitschaft zum Krieg in den Köpfen überwunden werden.

Der Krieg lebt nicht allein von Militär und Waffen, sondern lange vor jedem Kriegsbeginn von einer jeglichen Legitimation, die der Rüstung und dem Militär zugesprochen wird.

Das ‚Abschaffen‘ des Krieges klingt, als ob es von oben her möglich sei, indem die Menschen nicht mehr bereit sind, sich am Krieg und seiner Vorbereitung zu beteiligen. … ‚Das Mittel zur Abschaffung des Krieges besteht darin, dass die Menschen, die den Krieg nicht brauchen, die eine Teilnahme am Krieg als Sünde betrachten, nicht mehr in den Krieg ziehen …‘"[216] [217]

NACHLESE ZUR FEIER VON 100 JAHRE VERSÖHNUNGSBUND (VB) IN KONSTANZ 2014:

Einige TeilnehmerInnen sind bereits am 19.7. mit den Rädern auf Tour gegangen und haben beeindruckende Erlebnisse gesammelt. Andere sind „nur" zum Fest nach Konstanz gekommen und waren umgeben von vielen Menschen und Veranstaltungen. Wieder andere blieben noch beim IFOR-Counsil oder beim Jugendcamp oder bei den Seminartagen der Erwachsenen. Und jede und jeder die dabei waren, erzählen ihre Eindrücke auf ganz eigene Weise.

---

[216] Ullrich HAHN, Krieg abschaffen – Frieden entwickeln, Vortrag bei der Jahrestagung des deutschen Zweiges des Internationalen Versöhnungsbundes am 29.5.2014. Hahn zitiert hier Leo Tolstoi.

[217] Vgl. *Nachlese zur Feier von 100 Jahre Versöhnungsbund* in Konstanz 2014 (Text nachfolgend dokumentiert).

Was bringt unser Feiern in diese Zeit?

(1) *Wir feiern das Zeugnis* jener bekannten und unbekannten Frauen und Männer, die dem Kriegswahnsinn und der Gleichgültigkeit vieler Menschen ihren Glauben, ihren Mut, ihren persönlichen Einsatz entgegen gestellt haben, die mit ihren Möglichkeiten Wege des Friedens entdeckt haben und gegangen sind.

Persönlich verantwortet, verbindlich versprochen, klar in Wurzeln und Ziel, gemeinschaftlich mit den Frauen und Männern, die dazu bereit waren, unabhängig von Geld und Einfluss und selbst kaum institutionell – so konnten sich eigenständige und unabhängige Bünde und Gruppen entwickeln – 1914 bereits in Großbritannien, später dann in Deutschland und weiteren Ländern. Wo gibt es sie heute bei uns in Deutschland neu: Frauen und Männer, die sich so persönlich engagiert gewaltfrei gegen Krieg, Rüstung und Unrecht wenden und für Frieden, Gerechtigkeit und eine Kultur der Gewaltfreiheit streiten?

(2) *Wir knüpfen an den Ort und seine Besonderheiten an.*

Das ist Konstanz mit seiner Geschichte: 1414 begann hier eines der größten mittelalterlichen Konzile. Im heutigen Inselhotel befand sich damals ein Dominikanerkloster, in dem Jan Hus einige Zeit vor seiner Hinrichtung gefangen gehalten worden war. Von Jan Hus und seinem pazifistischen Nachfolger Peter von Cheltschitz gingen reformatorische Impulse aus, die Konrad Lübbert bereits zur 75. Feier des VB ansprach: *„Der Hinweis auf die Nachfolge, wie sie Hus gegenüber Luther hervorgehoben hatte, wurde zur Grundlage des Verbandes. Das Element des neuen Denkens, das das Konstanzer Konzil im Zusammenhang mit Entspannung und Perestroika desavouiert hatte, wurde zum kennzeichnenden Element des Versöhnungsbundes. Der Ruf nach kirchlicher Erneuerung, die Verweigerung einer Anpassung an die bestehenden politischen Verhältnisse, wie sie von Luther…, aber auch von anderen Großkirchen weiterhin praktiziert wurde, und die Orientierung auf die Bergpredigt nicht nur als Maßstab für das persönliche Leben, sondern auch für die Politik und Gesellschaft gaben dem Versöhnungsbund seine Ausrichtung."* - *„Ein Zeitalter, dass die Massenvernichtung technisch möglich und gleichzeitig zu einem politischen Kalkül gemacht hat, erfordert ein neues Denken und auch eine neue Reform und Unabhängigkeit unserer Kirche. Wir müssen in neuer Weise die politische und gesellschaftliche*

Verantwortung der Christen in unserer Zeit wahrnehmen. Während die Reformation des 16. Jahrhunderts das Gesetz, die Gnade und Rechtfertigung durch Gott zum Thema hatte, muß in der heute erforderlichen Reformation die Gewalt, die Liebe und der von Gott verheißene Frieden zur Sprache kommen. Diese Reformation durchzusetzen, erfordert ein neues Denken, eine Befreiung aus unzulänglichen Überlieferungen und falschen politischen Abhängigkeiten sowie eine neue Offenheit für die gute Botschaft von Gottes Liebe, von der uns das Evangelium berichtet."

Leo Petersmann wies in Konstanz auf jenes andere Jubiläum hin: Vor 80 Jahren, 1934, hat Dietrich Bonhoeffers auf der Konferenz des Weltbundes in Fanö/Dänemark eine Frage gestellt, die als Weckruf weiter klingt: *„Wer ruft zum* (gewaltfreien) *Frieden auf, dass es die Welt hört?"* Das kann ein Konzil der Kirchen! Was also hindert Kirchen heute, „Kirchen des Friedens zu werden", indem sie sich zur Gewaltfreiheit bekennen und sie als Kennzeichen von Kirche annehmen?

Gerade im Kernland der Reformation (Sachsen-Anhalt und Thüringen) muss auf dem Weg nach 2017, dem 500jährigen Reformationsgedenken, neu bedacht werden, wie in der heute erforderlichen Reformation die Gewalt, die Gewaltlosigkeit, die Liebe und der von Gott verheißene Frieden zur Sprache kommen.

Das ist eine ökumenische Aufgabe, die uns mit allen Menschen guten Willens verbindet.

(3) Wir feiern die *internationale Verbundenheit* mit den Friedenskirchen und mit vielen Weggefährtinnen und Weggefährten aus der gewaltfreien Friedens-Bewegung in der ganzen Welt, die Verknüpfung zu einem *Netz des Friedens.* Wir sind angewiesen auf Gespräch auch mit Andersdenkenden und auf Zusammenarbeit mit anderen, um die *bunte Vielfalt des Friedens* gemeinsam zu leben. - Was haben die internationalen Begegnungen in Konstanz den Teilnehmenden gebracht – persönlich, für die nationalen Verbände, für IFOR?

Bei meiner Mitarbeit im deutschen Zweig des VB bin ich immer wieder darauf gestoßen, wie begrenzt wir mit unseren internationalen Kontakten und unserem Weltblick manchmal sind. Durch persönliche Kontakte z. B. nach Frankreich und Chile, durch Projekte z. B. nach Indien und Uganda, durch Literatur

z. B. aus England, Frankreich, den USA, durch Anfragen z. B. aus Österreich und Japan wird diese Begrenzung bereichernd durchbrochen.

Wenn IFOR z. B. einmal im Jahr einen Newsletter mit aktuellen Infos (Ereignisse, Projekte, Kurzberichte, Erzählendes …) aus den verschiedenen nationalen VB's veröffentlicht (der auch in deutscher Sprache zu lesen wäre), könnte das helfen, mehr voneinander zu wissen und die Verbundenheit zu konkretisieren (auch im Gebet füreinander), Anknüpfungspunkte für Austausch zu finden und Gelegenheiten zu Besuchen zu nutzen. Im deutschen VB-Vorstand könnte eine Person dann für den internationalen Kontakt besonders zuständig sein.

(4) Wir feiern den *inhaltlichen Weg*, den der Versöhnungsbund zurücklegen konnte bis hin zu einer *Kultur der Gewaltfreiheit* und zur *unbedingten Gewaltfreiheit* auch im internationalen Zusammenleben. Das war möglich, weil wir selbst immer wieder etwas von der Kraft der Liebe und der Wahrheit geschenkt bekommen haben.

Was ist heute inhaltlich „dran"? Ich nenne drei Bausteine, die ich zurzeit sehe:

a) In Konstanz haben wir in einer internationalen Gruppe gefragt, was uns helfen könnte, das inhaltliche Gespräch und den Austausch weiter zu führen. Artikel 9 der Verfassung von Japan spielte auf der Tagung eine große Rolle und war ja inhaltlich wohl von allen Teilnehmenden akzeptiert. Daraus entstand der Vorschlag ans IFOR-Counsil, diesen Text in alle IFOR-Gruppen zu geben. Dort dient er zunächst als Anregung für das interne Gespräch (Wozu sagen wir „Nein"?) und für das Gespräch mit Menschen, die in unserer Umgebung leben. Vielleicht verändert sich der Text ja dabei – und er bringt Alternativen zu bestehender Verfassung in den Blick. Jede IFOR-Gruppe, die sich beteiligt, fügt dem „Nein" des Artikels 9 einen weiteren Abschnitt hinzu, der das „Ja" beschreibt: Wozu sagen wir „Ja"? Wie kann bei uns Frieden entwickelt, gestaltet werden? Und darüber kommen wir mit den Menschen unserer Umgebung ins Gespräch, suchen Wege und MitstreiterInnen. Und: Ist es möglich, dass der Artikel 9 (und unser Vorschlag für „Frieden entwickeln") bei uns in die Verfassung kommt? Nach einem Jahr kann IFOR fragen,

was denn das Gespräch gebracht hat und die Anregungen der
einzelnen nationalen FOR′s bündeln, veröffentlichen zum weiteren internen und öffentlichen Diskurs.

b) Aus der gewaltfreien Tradition der DDR-Kirchen nehme ich
die Frage von 1987 wieder auf: Was heißt es heute, Geist, Logik
und Praxis der Gewalt (damals hieß es: Abschreckung) abzusa-
gen und für „Gemeinsame Sicherheit" einzutreten?

Auf einer Ebene geht es darum, Theologie der Gewaltfreiheit
wahrzunehmen, einzubeziehen und umzusetzen bis dahin, dass
Kirchen gebeten werden, sich Gewaltfreiheit als Kennzeichen zu
eigen zu machen. Auf anderer Ebene ist Gewaltfreiheit mit seinen verschiedenen Facetten zu bedenken: als Handlungsoption,
als Methode, als Grundhaltung, als Ideologie, im Gespräch mit
Satyagraha und „Gütekraft"…

Welche Formen von „Gewalt" behalten wir bei, doch wir trans-
formieren sie? (z. B. Frage nach internationaler Polizei, Schutz
von bedrohten Minderheiten …)

Wer Frieden gewaltfrei will, muss Frieden gewaltfrei vorbereiten. Welche Bausteine für eine solche Vorbereitung gibt es bereits
(z. B. Landeskirche Baden), welche sind im Blick auf Deutschlands internationale Entwicklung nötig, damit es zu „Gemeinsamer Sicherheit" kommt (Außenpolitik, Prävention, Kriseninter-
vention, Nacharbeit von Entwicklungen, Rüstungskonversion)?

Welche Vorhaben entwickeln wir vor Ort oder darüber hinaus
weiter mit? Gibt es für manches Thema oder Projekt – zeitlich
und thematisch begrenzte – Projektgruppen?

c) Die Auseinandersetzung mit aktuellen Entwicklungen und
Argumenten, die bessere Sprachfähigkeit/Argumentation bleibt
eine Aufgabe für Regionalgruppen und VB-Vernetzung.

Den Austausch von Infos und Argumenten empfinde ich schon
jetzt als eine große Hilfe. Doch solche Äußerungen wie etwa:

–   die reflexartig als Gegenargumente für Gewaltfreiheit be-
nutzten Ereignisse von Srebrenica und Ruanda, Dafour oder
Auschwitz,

–   die Auseinandersetzung mit jenen, die an Gewalt und Krieg
verdienen durch Geld, Macht, eine Aufnahme ins himmlische
Paradies und die Entlarvung von Interessen, Lobby, Kriegslügen
…,

– die Auseinandersetzung mit denen, die Deutschlands Verantwortung vor allem im militärischen Bereich sehen …

brauchen auch Überlegungen und Argumentationsanregungen. (5) Wir feiern die *Zweige und Früchte*, die seit 1914 am Baum der Gewaltfreiheit gewachsen sind. Da der Versöhnungsbund durch seine Mitglieder vor Ort tätig ist, wird vor Ort *vor allem viel erzählt werden* müssen – vom Erleiden und Mitgehen, vom Lassen und Bewegen, von Regionalgruppen und Einsatz vor Ort. Die gewaltfreie Arbeit geschieht meist langsamer, stiller und ohne Medien- und andere öffentliche Aufmerksamkeit. Wer kennt die gewaltfreie Arbeit im Kosovo, in der Ukraine, in Palästina und Israel? Deshalb ist die gewaltfreie Arbeit darauf angewiesen, erzählt, überliefert, dargestellt zu werden – in ihren Erfolgen und in ihrem Scheitern (z. B. Weltkarte der Hoffnung von Birgit Berg).

IFOR hat auch bei der UN Beraterstatus. Darüber müsste mehr informiert werden.

Wir sind überzeugt davon, dass der Weg der Gewaltfreiheit in spirituellen Wurzeln gründet, dass dieser Weg *unser Weg* ist und dass er Perspektiven eröffnet, die wir selber noch gar nicht alle kennen. – Auch der ökumenische Pilgerweg für Gerechtigkeit und Frieden, von der ökumenischen Vollversammlung in Busan initiiert, lädt zur Fortsetzung und Vernetzung unseres Weges ein.

(10) Im Juli 2014 knüpfen die Autoren Mathias Brökers und Paul Schreyer[218] im Vorwort zu ihrem Buch „*Wir sind die Guten*" an die Rolle der Medien und an die Entlarvungen durch Karl Kraus an:

„‚Wie wird die Welt regiert und in den Krieg geführt? Diplomaten belügen Journalisten und glauben es, wenn sie´s lesen‘, notierte der Wiener Schriftsteller Karl Kraus, nachdem auf die Falschmeldung der deutschen und österreichischen Presse über einen französischen Bombenabwurf auf Nürnberg Ende Juli 1914 unmittelbar die Kriegserklärung an Frankreich erfolgt war. Dieser fingierte Bericht war für ihn die Urlüge und das Paradebeispiel für die Manipulation der Massen in Kriegszeiten, die Kraus dazu

---

[218] Mathias Brökers / Paul Schreyer, Wir sind die Guten. Ansichten eines Putinverstehers oder wie uns die Medien manipulieren, Frankfurt/M 2014.

führte, ‚den Journalismus und die intellektuelle Korruption, die von ihm ausgeht, mit ganzer Seelenkraft zu verabscheuen‘. Als einer der Pioniere der Medienkritik hatte Kraus erkannt, dass die Medien die Wirklichkeit nicht abbilden, sondern erzeugen, dass Meinungen und Stimmungen nicht einfach entstehen, sondern gemacht werden: ‚Ich habe erlebt, wie Krieg gemacht wird, wie Bomben auf Nürnberg, die nie geworfen wurden, nur dadurch, das sie gemeldet wurden, zum Platzen kommen.‘

In seiner monumentalen Tragödie ‚Die letzten Tage der Menschheit‘ führte Kraus vor, wie die Stimmungsmache das Blutbad des Ersten Weltkriegs erzeugte. Auch wenn sich der apokalyptische Titel einhundert Jahre später nicht bewahrheitet hat, weil die Menschheit diesen Krieg überlebt hat: Die Methoden und Mechanismen, mit der die Massen zum Krieg animiert werden, haben sich seitdem nicht verändert. Sie sind durch Allgegenwart von Funk, Fernsehen und Internet nur verstärkt und beschleunigt worden: Die Herstellung von Realität findet in Echtzeit, im Liveticker statt. Ebenfalls nicht verändert hat sich, dass ‚Diplomaten‘ – Geheimdienste, Lobbyisten – Journalisten belügen und auf Basis dieser medial geschaffenen Realität Politik gemacht wird und zum Beispiel für ein Ereignis, dessen Ursache und Umstände noch ungeklärt sind – wie der Absturz eines malaysischen Zivilflugzeugs in der Ukraine am 17. Juli 2014 –, sofort ein Schuldiger benannt und militärische Konsequenzen gefordert werden.

Geändert hat sich auch nicht, dass aus derart erzeugten Stimmungen ‚Bomben platzen‘, auch wenn sie gar nicht geworfen, nur gemeldet wurden ... So wie vor hundert Jahren, als Karl Kraus' Mahnungen ungehört verhallten und die von ihren Medien in Trance versetzten Nationen wie Schlafwandler an einer Kreuzung zusammenprallten und einen schrecklichen Massenmord entfachte ..."[219]

(11) Ich komme noch einmal auf den Anfang zurück: Die ÖKUMENISCHE VERSAMMLUNG 1988/89 IN DRESDEN und Magdeburg hat uns Christen im April 1989 die Aufgabe gegeben, „KIRCHE DES FRIEDENS ZU WERDEN". Im Dokument 7 heißt es u. a.: *„Kirche des Friedens werden heißt, ... umzukehren in die Nachfolge Christi"*[220], und weiter: *„Kirche des Friedens werden heißt, die Last der Geschichte anzunehmen und*

---

[219] Ebd., S. 7ff

[220] *Ökumenische Versammlung für Gerechtigkeit, Frieden und Bewahrung der Schöpfung,* Originalausgabe nur zum innerkirchlichen Gebrauch 1989, Teil 2: Dokument 7, Absatz (2).

Schuld zu bekennen."[221] Beim Rückblick auf den 1. Weltkrieg gibt es neben der großen Last der Geschichte und der Schuld, die zu bekennen ist, noch jene andere Seite, die ich hier ergänzt habe: Kirche des Friedens werden heißt auch, die Erfahrungen, Zeugnisse und Modelle der Geschichte wahrzunehmen und sich heute von ihnen für morgen inspirieren zu lassen. Wozu inspiriert mich diese Geschichte 100 Jahre später?[222]

1. Kriege, Rüstung, Rüstungsexporte, militärische Traditionen sind keine geeigneten Mittel, gerechten Frieden zu fördern. Daher soll Kirche den Krieg und seine Mittel als Mittel der Politik ächten.

Damit schließen sich Kirchen der Ächtung des Krieges durch die internationale Staatengemeinschaft von 1928 und durch den Ökumenischen Weltrat der Kirchen von 1948 in Amsterdam an.

Krieg ist vorsätzlicher Mord und Soldaten werden darin zu Mördern, sei es direkt oder indirekt. Zerstört werden dabei auch alle menschlichen Fundamente und Ordnungen wie Wahrheit, Recht,

---

[221] Ebd., Überschrift zu Abschnitt 2.1.

[222] In dieser Bandbreite ist für mich die Entwicklung der drei Thesen aus der Evangelischen Landeskirche Baden (www.ekiba.de) und eine im Sinne vom deutschen Zweig des Internationalen Versöhnungsbundes (www.versoehungs-bund.de) als Weiterführung des Nachdenkens zum Ersten Weltkrieg und der Frage, wie von Deutschland Frieden ausgeht heute besonders wichtig: 1. Kriege, Rüstung und Rüstungsexporte sowie militärische Bündnisse sind kein geeignetes Mittel, gerechten Frieden zu fördern. Daher soll Kirche den Krieg als Mittel der Politik ächten. / 2. Gewaltfreie Wege der Konfliktbearbeitung sind viel erfolgreicher, als man bisher dachte. Kirche setzt sich für gewaltfreie Methoden der Konfliktbearbeitung international ein. / 3. Wer Frieden gewaltfrei will, muss ihn gewaltfrei vorbereiten – mit einer Kultur der Gewaltfreiheit, mit Gruppen, die Modelle entwickeln und leben. Die Gewaltfreiheit ist auch im internationalen Konflikt die „prima ratio", die erste und einzige Option. / 4. Im Grenzfall (ultima ratio) sind nur polizeiliche Mittel zur Durchsetzung des Rechts legitim. Rechtserhaltende Gewalt kann nur internationale polizeiliche Gewalt unter Mandat der UN oder einer von ihr beauftragten zivilen Organisation (z. B. OSZE) sein. – Vgl. ausführlich: Dietrich BECKER-HINRICHS, Kirche des gerechten Friedens werden. Friedensethische Ergebnisse aus dem badischen Diskussionsprozess, in: Deutsches Pfarrerblatt 11/2014, 630ff.

Vertrauen, Kooperation, Kultur, Weiterentwicklung. Krieg hinterlässt letztlich keine Sieger, nur Verlierer.[223]

Doch Krieg ist nicht einfach ein blindes Schicksal: Im Vertrauen auf die Religion der Gewalt werden Alternativen entweder nicht entwickelt oder verbannt. Im Zwang zum Siegen und der Unfähigkeit, mit Niederlagen umzugehen, in der „Unfähigkeit zu trauern"[224], steckt der Kern, sich mit neuen Motiven und Lügen auszurüsten und die Revanche vorzubereiten, also die alten Muster im neuen Gewand zu wiederholen.

Jeder Krieg beginnt mit einer Vorbereitung, mit Rüstung, Kriegsdienst, Kriegslügen, mit Einschwörung und Gewöhnung der Bevölkerung auf die künftige Lage, kurz: mit einer geistigen und materiellen Mobilmachung.

Verantwortung für das Leben heißt: Mit jeglicher Art von Mobilmachung nicht mehr zusammenzuarbeiten, sie zu enttarnen und sie vom Thron ihrer Alternativlosigkeit zu entheben (ihre Kriegslügen zu entlarven), sich ihr zu widersetzen und Alternativen ins Gespräch zu bringen oder/und selbst zu praktizieren bis hin zur Wehr- oder Kriegsdienstverweigerung.

Die geistige wurde durch die *geistliche* Mobilmachung wesentlich gestützt. Kirche trägt einen Großteil der Verantwortung dafür, dass sie ein deutsch-nationales Stammesevangelium, ein Evangelium der Fügsamkeit und Willfährigkeit gelehrt hat, anstatt dem Volk das ökumenische Evangelium, ein Evangelium des gewaltfreien Wandels zu bringen.

Wo es um die Nation und den Krieg ging, waren die Kirchen sofort zum Engagement bereit, wo es um die Völkerwelt und deren Frieden ging, versagten sie weitgehend. Glaube leuchtete dort als tragfähig und zukunftsweisend auf, wo Menschen sich zum Widerstehen befreien ließen.

Aus dem „Nein zum Krieg" folgen auch ein Nein
- zu Bündnissen, deren Ziel vor allem die Ab- und Ausgrenzung, die Vorherrschaft gegenüber anderen ist und die systematisch den Aufbau alternativer Strukturen verhindern;

---

223 Elie WIESEL.
224 Margret MITSCHERLICH.

– zu militärischen Traditionen wie dem Missbrauch des Kreuzes
  für Orden und als Emblem der Armee, der Einführung eines
  Bundespräsidenten mit ‚militärischen Ehren‘, der Empfang von
  StaatsvertreterInnen mit ‚militärischen Ehren‘;
– zum Missbrauch von Kirchen für Militärkonzerte, zu militaris-
  tischer Gedenkkultur und Staatsbegräbnissen …

Aus der Geschichte Deutschlands mit seinen furchtbaren Kriegen
ziehe ich die Konsequenz, dass die erste Frage heißt: Wie geht von
Deutschland Frieden aus – gerecht, zivil und gewaltfrei – nach innen
und außen?

*2. Gewaltfreie Wege der Konfliktbearbeitung sind viel weiter entwi-
ckelt und erfolgreicher, als man bisher dachte. Kirche setzt sich für
gewaltfreie Methoden der Konfliktbearbeitung international ein.*

Der Beginn dafür liegt u. a. in den ökumenischen Friedens-Bewegungen der Zeit des 1. Weltkrieges. Der Lebensmut, der Glaubens-
mut, der Mut zum Widerstehen, der lange Atem unserer Vorfahren
– das alles sind für mich beeindruckende Zeugnisse der Geschichte,
auch einer kleinen und oft verborgenen und bedrohten „Kirche des
Friedens". Karl Holl: *„Die Gewissheit, auf den Schultern von Vorgän-
gern zu stehen, die ungeachtet der Feindseligkeit oder der Gleichgültigkeit
ihrer Zeitgenossen … an ihrer pazifistischen Überzeugung festhielten, mag
die Friedensbewegung von heute manche Anfechtung von Mutlosigkeit
besser bestehen lassen."*

Frieden wurde in der Zeit um den 1. Weltkrieg als Aufgabe von
einzelnen Christen und Kirchen erkannt. Doch bald stellte sich heraus, dass die Kirchen als Institutionen (z. B. Staatskirchen in
Deutschland und Großbritannien) sich kaum – und wenn, dann nur
sehr langsam – bewegen würden, man also nicht auf sie warten
konnte.

Die Überwindung der nationalen Beschränkungen zugunsten
von internationalem/ökumenischem Horizont rückte für die Völker
und erst recht für die Kirchen als neue Aufgabe in den Blick, wurde
jedoch nur sehr zögerlich als solche angenommen.

Als Teil der Nachfolge des Weges Jesu sprachen sich einzelne
ChristInnen persönlich und verbindlich den Frieden zu und ver-

sprachen den Einsatz in ihrem Umkreis dafür: *„Mit dem Friedensgedanken ... im großen Staatensystem ... und in all unseren eigenen Lebensbedingungen Ernst zu machen."*

Die große Mehrzahl der christlichen Pazifisten wurde nicht durch das Evangelium, sondern erst durch die Kriegserfahrungen bekehrt. Kirchen waren damals in der Lage, durch eine irreführende nationalistische Tradition – jedenfalls seit den Befreiungskriegen 1806/1813 – sowie durch die Verflechtung mit den Interessen der Mächtigen in Politik und Wirtschaft, die Umkehrbotschaft des Evangeliums zu verstellen. Gingen anfangs nur Wenigen die Augen für die Umkehrbotschaft des Evangeliums auf, so nahm das durch die Kriegserfahrungen zu: Menschen schöpften auch aus den befreienden Impulsen des Evangeliums neue Kraft, sich aus dem Würgegriff der „Mächte und Gewalten" zu befreien und ihnen mit ihren Möglichkeiten zu widerstehen.

Zu den als Feinden deklarierten Menschen blieb durch die Freundschaftsarbeit, die Gefangenenhilfe und die ökumenischen Kontakte eine menschliche Ebene erhalten, die nach dem Krieg als Basis der Versöhnung diente.[225] Manche Christen haben sich geweigert, Feinde zu sein und damit eine Saat für die Zukunft gelegt.

Jedes noch so kleine Zeichen, den „Feind" auch als Menschen wahrzunehmen, kann zum Ausgangspunkt für eine Verwandlung des Geistes und der Beziehung werden.

Jesus hat nicht den Verzicht auf Widerstand, sondern Gewaltfreiheit gelehrt, die neue Ebenen der Verbindung sucht und Umkehr für die verschiedenen Seiten ermöglicht.[226]

Von den Zielen früherer StreiterInnen für Frieden sind einige inzwischen verwirklicht worden (z. B. durch die Gründung der EU und ihrer Einrichtungen, durch die KSZE und die Nachfolgeorganisation OSZE). Doch sie wären es heute nicht, wenn diese Frauen und Männer nicht bereits damals unter den schwierigsten Bedingungen begonnen hätten, dafür einzustehen mit ihrem Wort, ihrem Zusammenhalt und ihrem Leben. Ihrer und derer, die umgekehrt sind, sollten wir zuerst gedenken, wenn es um die Erinnerung an die Zeit des

---

[225] z. B. ökumenische Freundschaftsarbeit der Kirchen, Versöhnungsbund, Gefangenenhilfe auf beiden Seiten, Zeitschrift „Die Eiche".
[226] Walter WINK, Verwandlung der Mächte. Eine Theologie der Gewaltfreiheit, Regensburg 2014.

Ersten Weltkrieges geht, denn ihnen lag daran, unter Einsatz ihres eigenen Lebens Leben zu retten, statt zu vernichten. Die Saat dieser früheren StreiterInnen brauchte ihre Zeit, um aufzugehen; doch sie ging auf – gegen den Widerstand vieler „Obrigkeit". – Was wir morgen brauchen, müssen wir heute säen: Wer Frieden gewaltfrei will, muss ihn heute gewaltfrei vorbereiten. *„Fürbitte ist der spirituelle Widerstand gegen das, was ist – im Namen dessen, was Gott verheißen hat."*[227]

In der Satzung des Versöhnungsbundes heißt das seit 1914 – und wird damit zur Einladung an viele aus nachfolgenden Generationen: *„Die Nachfolge Christi stellt uns in den Dienst der sozialen Gerechtigkeit und des Friedens unter den Völkern und ruft uns zur Überwindung des Krieges."* Und Friedrich Siegmund-Schultze konkretisiert: *„Der Versöhnungsbund verwirft tötende und verletzende Gewalt als Mittel, Streitigkeiten zwischen Gruppen, Rassen und Völkern auszutragen. Deshalb tritt er für Schiedsgerichte, übernationale Rechtsinstanzen und entschlossene Abrüstung ein. Außerdem kämpft er dafür, daß die gewissensmäßige Entscheidung jedes Staatsbürgers in allen Fragen des öffentlichen Lebens geschützt wird."'*

Aus den ersten Erklärungen des erweiterten Internationalen Versöhnungsbundes (IFOR): *„Daher ... ist es uns verwehrt, Krieg zu führen und uns statt dessen unsere Loyalität zu unserem Land, zur Menschlichkeit, zur Kirche ... aufruft, eine lebenslange Inthronisierung von Liebe im persönlichen, sozialen, wirtschaftlichen und nationalen Leben voranzutreiben."*

Mitten in der Zeit des 1. Weltkrieges entwickelte Albert Schweitzer seine Gedanken zur „Ehrfurcht vor dem Leben": *„Zu gering beurteilte man das Menschenleben, diesen geheimnisvollen und unersetzlichen Ort."* Ehrfurcht vor dem Leben, Ehrfurcht vor dem Menschenleben und vor dem Menschenleid, auch vor dem Kleinsten und Unscheinbarsten, Ehrfurcht vor der Natur – regiere hinfort die Welt.

Wie in der Zeit des 1. Weltkrieges, so erlebe ich heute in Deutschland 2014 unter Christen die weite Bandbreite von verschiedenen Entscheidungen gegenüber Politik, Wirtschaft und Militär, allerdings durchaus differenzierter als damals:

---

[227] Ebd.

- von den Friedenskirchen und konsequent gewaltfreien Friedens-Bewegungen
- über „Gewaltfreiheit politisch denken", d.h. Militär konsequent abzuschaffen und durch internationale Polizei zu ersetzen oder – wenn das nicht geht – sich der vorhandenen militärischen Gewaltmittel notfalls zu bedienen,
- über „Vorrangig zivil" und nachrangig militärisch oder vorrangig militärisch und nachrangig zivil,
- bis hin zu eindeutigem Engagement für Militär, Rüstung und Kriegseinsätze in Politik, Wirtschaft, Militär und dessen Bündnissen.

Bündnispolitik enthält weiterhin die Gefahr, zur „Zündschnur" für Explosionen zu werden: Im Bündnis wird der Feind des mächtigsten Bündnispartners auch zu unserem Feind; die Doktrin des beherrschenden Bündnispartners wird auch unsere Doktrin, wo der mächtigste – oder auch kleinere – Bündnispartner genau die Züge des von ihm bekämpften Feindes annimmt, wo die Abhängigkeit eine immer größere wird. Heute wird der Mut gebraucht, dem „Freunde" zu widerstehen und den eigenen Weg zu gehen. Gerade darin bestehen die neuen Chancen, dass Deutschland ganz andere Konsequenzen aus seiner Geschichte zieht, als es in den neuen Bündnissen (EU, NATO) verlangt wird, z. B. konsequent abzurüsten und sich – statt für militärische – für zivile Konfliktlösungsmöglichkeiten zu engagieren.[228]

Die Rolle der Medien wird zu Recht als „Macht" im Staate bezeichnet. Sie schafft Wirklichkeit und bedarf deshalb besonderer Verantwortung und kritischer Beobachtung in Sprache, Überschriften, Bildern, Leitartikeln, Meldungen ... Sie verblendet, wenn sie einseitig von Ereignissen berichtet, Falschmeldungen oder Halbwahrheiten verbreitet, nur Kommentare statt Fakten bringt, sich von wem auch immer in Dienst nehmen lässt, ohne die Verbindungen

---

[228] Vgl. dazu die 2013 erschienene und die deutsche Außenpolitik prägende Veröffentlichung *Neue Macht, neue Verantwortung*, herausgegeben von Stiftung Wissenschaft und Politik und German Marshall Fund of the United Staates. (Die Reden von Bundespräsident Gauck, Außenminister Steinmeier und Verteidigungsministerin von der Leyen im Januar 2014 bei der Münchener Sicherheitskonferenz gehen darauf zurück.)

offen zu legen. Die Vorstellung, was allein die Bildzeitung für Einstellungen und Entwicklungen bei ihren LeserInnen auslösen kann, bleibt ein Horror.

Im weiten Blick der Geschichte wird deutlich, wie groß der Weg ist, den auch Christinnen und Christen im Blick auf das Verständnis von Frieden seit 1914 zurückgelegt haben: vom Ineins-Setzen von Christsein und Nation über den „gerechten Krieg" zur Suche nach gerechterem Frieden bis hin zu einer Theologie der Gewaltfreiheit des Neutestamentlers Walter Wink[229]. Zugleich scheint mir das wiederum ein Anfang für etwas Neues zu sein: „Eine Hoffnung geht wieder lernen."[230]

Hatte der Bund Evangelischer Kirchen in der DDR vom Frieden als von einer Bekenntnisfrage gesprochen[231], so wird sich ein künftiger Friede mit daran entscheiden, wie sich Kirchen und Ökumene zu Friedensfragen in die Welt einbringen: wie sie ,Geist, Logik und Praxis der Gewalt' absagen und sich für gemeinsame Zusammenarbeit und Sicherheit engagiert, kreativ und klar im Profil der Gewaltfreiheit als eindeutige und einzige *prima ratio* einsetzen.

Bischöfin Junkermann wies im Frühjahr 2014 darauf hin: Wir segeln heute im Zeichen der Ökumene, im Boot unter dem Kreuz. *„Dieses Zeichen bedeutet: Ja, wir schätzen uns realistisch ein, wir bedürfen ... alle Seiner Vergebung auf diesem Weg. Im Zeichen des Kreuzes zu segeln bedeutet zum anderen: Wir sind dem Kreuz, dem Zeichen der Gewaltfreiheit Gottes verpflichtet. Und es heißt zum Dritten: Wir sind mit ihm auf der Seite derer, die Gewalt leiden."[232]*

Daraus ergibt sich für mich persönlich die Entscheidung, in der Nachfolge gemeinsam mit anderen – sei es im Internationalen Versöhnungsbund oder in der eigenen Landeskirche oder/und im Kontakt mit anderen Menschen ähnlichen Willens – zwischen Gleich-

---

[229] Ebd. Ilse JUNKERMANN, Landesbischöfin der Evangelischen Kirche in Mitteldeutschland, zeichnet in ihrem Bericht „... verknüpft im Geist durch das Band des Friedens" vor der Frühjahrssynode in Drübeck einige Stationen dieses Veränderungsweges nach.

[230] Die Ökumenischen Versammlungen 1988/89 in der DDR hatten die Überschrift: „Eine Hoffnung lernt gehen".

[231] Ausführlich: Eberhard BÜRGER, Kirche des Friedens werden – Aufbrüche in der ehemaligen DDR, Buch 2013.

[232] Ilse JUNKERMANN, „... verknüpft im Geist durch das Band des Friedens", Bericht vor der Landessynode in Drübeck, Frühjahr 2014.

gültigkeit/Passivität einerseits und einem Mitlaufen in der Religion der Gewalt[233] andererseits, Wege der gewaltfreien Verantwortung zu suchen, sie einzuüben, zu entwickeln und einzubringen.

Eine aus Glauben befreite Vernunft[234] sieht auch im Feind (oder dem dazu deklarierten) weiterhin den Menschen, in dem „etwas von Gott" lebt, und vergisst nicht, wie groß der Balken im eigenen Auge gegenüber dem Splitter im Auge der Feinde ist. Auch die „Feinde" sollen für ein künftiges verwandeltes Leben gewonnen werden.

Ein aus Glauben befreites Empfinden bleibt neben der eigenen Freude und Trauer offen für das Empfinden so ganz anderer Menschen und sucht das geschwisterliche Miteinander: In jedem ist „etwas von Gott", z. B. auch in jeder Migrantin, jedem Migranten und jedem Flüchtling.

Ein aus Glauben gewachsener Widerstand mischt sich kräftig gewaltfrei und zivil ein, wo „Leben unter die Räder"[235] kommt oder dafür die Vorbereitungen getroffen werden.

Im Bekenntnis zur gewaltfreien Friedensverantwortung sehe ich auch den ökumenischen Auftrag von ChristInnen und Kirchen: Geist, Logik und Praxis der Gewalt zu überwinden und eine gemeinsame Zusammenarbeit und Sicherheit, gerechte Strukturen und Lebensbedingungen und eine Kultur der Gewaltfreiheit zu entwickeln.

3. Wer Frieden gewaltfrei will, muss ihn gewaltfrei vorbereiten – mit einer Kultur der Gewaltfreiheit, mit Gruppen, die Modelle entwickeln und leben. Die Gewaltfreiheit ist auch im internationalen Konflikt die „prima ratio", die erste und aus meiner Sicht einzige Option. – Im Grenzfall (ultima ratio) sind NUR polizeiliche Mittel zur Durchsetzung des Rechts legitim. Rechtserhaltende Gewalt kann nur internationale polizeiliche Gewalt unter Mandat der UN oder einer von ihr beauftragten zivilen Organisation (wie z. B. der OSZE) sein.

---

[233] Die Hoffnung der Gewalt ist, dass wir selbst zu dem werden, was wir hassen, also selbst Gewalt gebrauchen. Nur die Liebe verwandelt.

[234] Der Begriff ist geprägt von Kurt FLASCH (*Warum ich nicht Christ bin*) im Nachdenken über Meister Eckharts Wirken.

[235] Dietrich BONHOEFFER.

Einhundert Jahre nach dem ersten Weltkrieg, 2014, bringt es die „Theologie der Gewaltfreiheit" Walter Winks auf den Punkt: *„Das Evangelium zielt nicht nur auf eine Veränderung von Einzelnen, sondern auch von Strukturen, auf eine Befreiung aus Unterdrückung durch die Mächte, auf Vergebung und letztlich auf die Befreiung der Mächte selbst. Das Evangelium ist die Botschaft von der Verwandlung der Welt."*

Ordnungen, Strukturen, Einrichtungen, Projekte – hier zusammenfassend „Mächte" genannt – sind zur Bewahrung des menschlichen Lebens unentbehrlich und haben von Gott eine lebensbebauende und -bewahrende Bestimmung.

Wenn diese Mächte mit ihrer verflochtenen Herrschaft die Fülle und Vielfalt menschlichen Lebens zerstören statt dem Gemeinwohl zu dienen, haben sie ihre Bestimmung und damit zugleich Gottes Auftrag verlassen und drohen, dämonisch zu werden.

Gott drängt zur und besteht auf der Umkehr und einer Verwandlung dieser Mächte hin zu einer humanen Ordnung und Wirkung.

Christen halten diese drei Sichtweisen zusammen und bringen sie in die Öffentlichkeit ein. Gemeinde ist eine Gemeinschaft, um die herrschenden Mächte wieder an ihre von Gott gegebene Berufung zu erinnern und sie zu dieser Berufung zu begleiten (Epheser 3, 10).

Was damit konkret gemeint ist, machen beispielsweise die Sichtweisen von Albert Schweitzer, Heinrich Vogeler, Hermann Hesse und die im Abschnitt „Erinnerungen und Reflexionen – ‚Nacharbeiten' zum Ersten Weltkrieg" aufgeführten Stimmen deutlich. Weitergehend ist jedoch heute damit beispielsweise auch gemeint:

Kirche erinnert Banken, Konzerne, Unternehmen und Politiker an ihre Berufung, menschliches Wohlergehen und Gemeinwohl anzustreben und fordert dieses von ihnen ein.[236] Kirche setzt sich ausgehend von der Gewaltfreiheit Jesu ein für zivile internationale Regelungen für Recht und Gerechtigkeit, Sicherheit und Zusammenarbeit.

———

[236] Walter WINK, Verwandlung der Mächte. Eine Theologie der Gewaltfreiheit, Regensburg 2014, S. 40ff.

Was sich am 24. Dezember 1914 nur als kurzfristiger Weihnachtsfriede erweisen konnte, soll im Sinne von Ernst Böhme zu einer ökumenischen, also weitumspannenden Wirklichkeit werden: Das
„Friede sei mit euch!" Jesu wird im „Friede auf Erden" der christlichen Weihnachtsbotschaft aller Welt zugesprochen und mündet in
unseren persönlich gelebten und verantworteten Gruß: „Friede sei
mit euch, mit dir!"

Magdeburg, den 24. Dezember 2014,
dem Gedenktag des „Weihnachtsfriedens 1914"
Eberhard Bürger

Zeittafel[237]

28. Juni 1914

Der bosnische Nationalist Gavrilo Princip erschießt in Sarajevo das österreichisch-ungarische Thronfolger-Ehepaar. Erzherzog Franz Ferdinand und Herzogin Sophie von Hohenberg sind die Opfer des Attentats, das letztlich zum Auslöser des Ersten Weltkriegs wird.

6. Juli 1914

In Potsdam enden zweitägige Gespräche der politischen und militärischen Führung des Deutschen Reichs. Als Ergebnis gibt Deutschland dem verbündeten Österreich-Ungarn einen „Blankoscheck" und sichert umfassende Unterstützung im Konflikt mit Serbien zu. Dieser Schritt trägt wesentlich zur weiteren Verschärfung der international aufgeheizten Atmosphäre bei.

28. Juli 1914

Österreich-Ungarn erklärt Serbien den Krieg. Zwei Tage später macht das mit Serbien verbündete Russland mobil.

1. August 1914

Das Deutsche Reich erklärt Russland den Krieg. Kurz zuvor verfügte der deutsche Kaiser Wilhelm II. die Generalmobilmachung. Am 2. August beginnt der Westfeldzug mit dem Einmarsch in das seit 1867 neutrale Luxemburg, am 4. August wird auch das ebenfalls neutrale Belgien besetzt. Weil das Deutsche Reich die Neutralität der Staaten missachtet, bricht Großbritannien die diplomatischen Beziehungen zum Deutschen Reich am 4. August ab, was einer Kriegserklärung gleichkommt.

31. August 1914

Die deutsche 8. Armee unter Oberbefehlshaber Paul von Hindenburg besiegt bei Tannenberg in Ostpreußen die überlegene russische Narew-Armee.

---

[237] Aus dem Material der Evangelischen Kirche in Deutschland (EKD) zum Gedenkjahr des 1. Weltkrieges 2014.

9. September 1914

Die auf dem so genannten Schlieffen-Plan basierende West-Offensive der deutschen Truppen kommt an der Marne zum Stehen. Die Schlacht gilt als wichtige Wende im Krieg an der Westfront.

19. Januar 1915

Drei deutsche Luftschiffe greifen in der Nacht zum ersten Mal Orte an der britischen Ostküste an.

22. April 1915

Zum ersten Mal setzen deutsche Truppen bei ihrer Offensive an der Westfront bei Ypern Giftgas ein.

24. April 1915

Auf Anordnung des osmanischen Innenministers Talaat Bey werden führende Mitglieder der armenischen Gemeinde in Konstantinopel verhaftet. Der so genannte „Rote Sonntag" gilt als Beginn des Völkermords an den Armeniern im Osmanischen Reich.

7. Mai 1915

Das deutsche U-Boot „U-20" versenkt vor der Südküste Irlands den britischen Passagierdampfer „Lusitania". 1198 Personen, unter ihnen 120 US-Bürger, kommen ums Leben.

9. Juli 1915

Die deutschen Truppen unter Oberstleutnant Konrad Francke in der Kolonie Deutsch-Südwestafrika erklären ihre Kapitulation. Einheiten der Südafrikanischen Union übernehmen die Macht.

21. Februar 1916

Die deutschen Truppen beginnen den Großangriff auf Verdun. Bis Dezember 1916 gelingt es nicht, die französische Festung zu erobern. Es war der Plan der deutschen Militärführung, den Gegner durch Menschen- und Materialverluste zu schwächen, um der französischen Somme-Offensive zuvorzukommen. Hunderttausende Franzosen und Deutsche kommen ums Leben.

31. Mai 1916

Im Skagerrak beginnt zwischen der deutschen und der britischen Flotte die einzige Konfrontation der beiden Mächte auf See. Das Gefecht endet unentschieden.

4. Juni 1916

Die russische Armee unter dem Kommando von General Alexei A. Brussilow beginnt auf einer 300 km langen Front ihre Offensive gegen das Deutsche Reich.

7. August 1916

Die Dokumentation des evangelischen Pfarrers Johannes Lepsius „Bericht über die Lage des Armenischen Volkes in der Türkei" wird in Deutschland von der Zensur verboten. Lepsius emigriert in die neutralen Niederlande.

28. August 1916

Italien erklärt dem Deutschen Reich den Krieg. Am gleichen Tag erklärt das Deutsche Reich Rumänien den Krieg und startet einen Feldzug gegen das Land.

29. August 1916

Der deutsche Generalstabschef Erich von Falkenhayn wird abgelöst. Grund ist die Lage an der Westfront und der Kriegseintritt Rumäniens. Kaiser Wilhelm II. ernennt Paul von Hindenburg zum Nachfolger.

15. September 1916

Zum ersten Mal werden Panzerfahrzeuge in einem Krieg eingesetzt. Britische Einheiten nutzen die „tanks" an der Somme-Front.

1. Juli 1916

Nach einwöchigem Trommelfeuer beginnt an der Somme die britisch-französische Offensive. Die Schlacht entwickelt sich mit mehr als einer Million Toten und Verwundeten zur verlustreichsten Schlacht des Krieges.

1. Februar 1917

Das Deutsche Reich erklärt den uneingeschränkten U-Boot-Krieg, – nunmehr auch gegen neutrale Schiffe – vor allem in den Sperrzonen um Großbritannien und im Mittelmeer.

6. April 1917

Die Vereinigten Staaten erklären dem Deutschen Reich den Krieg. US-Präsident Thomas Woodrow Wilson hat bislang auf einen „Frieden ohne Sieg" gesetzt. Da bislang alle Versuche den Krieg zu beenden scheiterten, entschließen sich die USA zum Kriegseintritt.

7. November 1917

Die Bolschewisten unter Führung von Wladimir I. Lenin und Leo D. Trotzki stürzen in der zweiten russischen Revolution (Oktoberrevolution) die bürgerliche Regierung und übernehmen die Macht.

8. Januar 1918

US-Präsident Thomas Woodrow Wilson legt in Washington eine Friedensbotschaft vor, die in 14 Punkten die Friedensbedingungen der USA umfasst. Das Deutsche Reich und Österreich-Ungarn weisen den Vorschlag zurück.

9. Februar 1918

Die Mittelmächte Deutsches Reich, Österreich-Ungarn, Bulgarien und das Osmanische Reich schließen in Brest-Litowsk mit der Ukraine einen Sonderfrieden, den so genannten „Brotfrieden". Dies ist der erste Friedensschluss des Weltkriegs. Am 10. Februar erklärt Leo D. Trotzki, Leiter der sowjetrussischen Friedensdelegation, den Kriegszustand für beendet, ohne jedoch Bedingungen der Mittelmächte zu akzeptieren. In Brest-Litowsk wird am 3. März der Friedensvertrag zwischen den Mittelmächten und der Sowjetregierung unterzeichnet.

8. August 1918

Die deutsche Westfront bricht zusammen. In einem Sturmangriff treiben alliierte Soldaten einen tiefen Keil in die Linien. Tausende Soldaten ergeben sich.

9. November 1918
Wilhelm II. erklärt seine Abdankung als deutscher Kaiser, nicht aber als König von Preußen, und geht ins niederländische Exil. Am gleichen Tag ruft der Sozialdemokrat Philipp Scheidemann die deutsche Republik aus, Karl Liebknecht die Räterepublik.

11. November 1918
Der deutsche Zentrumsabgeordnete Matthias Erzberger unterzeichnet im Wald von Compiègne den Waffenstillstandsvertrag zwischen den alliierten Mächten und dem Deutschen Reich, der einer deutschen Kapitulationserklärung gleichkommt.